Franzius

PETRA LIERMANN

2021

WER WIR SIND
WO WIR STEHEN
UND WOHIN WIR GEHEN

Ratgeber

Ein Buch aus dem FRANZIUS VERLAG

Cover: & Buchumschlag: Jacqueline Spieweg
Bildlizenzen: shutterstock
Verantwortlich für den Text in Inhalt und
Form ist die Autorin Petra Liermann
Satz, Herstellung und Verlag: Franzius Verlag
Druck und Bindung: BoD, Norderstedt

ISBN 978-3-945509-31-9

2. überarbeitete Auflage von
»2015: Wer wir sind, wo wir stehen und wohin wir gehen«

Die Deutsche Nationalbibliothek verzeichnet diese Publikation in der Deutschen Nationalbibliografie; detaillierte bibliografische Daten sind im Internet über http://dnb.dnb.de abrufbar.

INHALT

Vorwort

Regelmäßig sehe ich mir meine Sachbücher und Ratgeber an und denke darüber nach, ob es neue Erkenntnisse für mich gibt, die unbedingt ergänzt werden müssen, oder ob der Inhalt des Buchs für mich weiterhin so Gültigkeit besitzt. Bei »2015 – Wer wir sind, wo wir stehen und wohin wir gehen« ist das einzig wenig aktuelle am Buch der Titel. Leider, denn ich wünsche mir, dass wir uns alle weiterentwickeln und den Entwicklungen eine positive Wendung geben. Trotzdem hat sich einiges getan und es gibt einige Ergänzungen, die ich für so wichtig erachtet habe, dass sie in das Buch einfließen sollten. Und natürlich sollte ein Buch mit dem Titel »2015« eher ein Resumee als ein Ausblick sein. Aus diesem Grund halten Sie nun »2021« in den Händen.

Ich hoffe, dass es – sei es auch noch zu gering – zu einer Veränderung beitragen kann.

Prägungen, Werte und andere Einflüsse
Warum wir die sind, die wir eben sind

Unser Leben ist schon erstaunlich: Wir werden geboren aus Licht und Liebe heraus, entwickeln in unserer Kindheit Prägungen und Werte, die uns unser Leben lang begleiten werden, nur um dann im Erwachsenenalter unter ihnen zu leiden und uns ein Leben lang auf dem Weg zurück zu Licht und Liebe zu befinden. Man könnte meinen, dass das doch wirklich an Ironie kaum zu überbieten ist. Doch irgendeinen Sinn muss dies alles ja haben. Manche Menschen bezweifeln jegliche Bedeutung des menschlichen Lebens zwar und gehen davon aus, dass es sich beim Menschen sozusagen um ein Zufallsprodukt handelt und das Leben mit dem Sterben des Körpers endet, die meisten wollen, müssen oder dürfen aber an einen Sinn glauben. Hierbei ist es oft von den verschiedensten Aspekten abhängig, worin genau sie diesen Sinn sehen.

Auffällig ist jedoch in jedem Fall, dass der Glaube daran, welchen Sinn unser Leben hat und welche Art von höherem Wesen uns erschaffen hat, von der Erziehung beziehungsweise den Erziehern und der jeweiligen Kultur abhängig zu sein scheint. Nur sehr selten werden wir in rein christlichen Kulturen Menschen finden, die sich zum Buddhismus hinwenden, genauso wenig wie in rein moslemischen Kulturen Menschen zum Christentum konvertieren.

Natürlich gibt es hier Ausnahmen, doch gehen wir erst einmal von der überwiegenden Mehrheit aus. Um dies zu verstehen, müssen wir den Ablauf und die Einflüsse untersuchen, die uns zu dem Menschen machen, der wir sind.

Beginnen wir also in der Kindheit:

Wir fallen mit unserer Geburt aus der absoluten Liebe in einen Zustand der Ausgrenzung daraus, glaubt man der Kabbalah, einer mystischen Lehre des Judentums. Grob vereinfacht hat unsere Seele weiterhin das Wissen um diese Liebe und will dorthin zurück, ist jedoch von allem abgetrennt und wie in einem Ballon gefangen. In diesem Raum existiert zwar die Erinnerung und Sehnsucht, jedoch vorrangig ein reiner Überlebensdrang. Ein Neugeborenes wird also immer nur nach der Absicherung des eigenen Lebens streben und die Eltern aus diesem Grund auch lieben. Dies ist jedoch nicht mit der Liebe vergleichbar, aus der wir kommen, denn sie ist rein egoistisch und ähnelt mehr einer Abhängigkeit. Ab der ersten Minute unseres Lebens - und damit ist auch schon das Leben im Mutterleib gemeint - lernen wir, was uns von Nutzen ist und was nicht. Sind wir einmal von der Sicherstellung des Überlebens durch den Mutterleib abgetrennt, sorgen diverse Faktoren dafür, dass wir Angst um unsere Existenz haben müssen.

War vor der Geburt die ideale Außentemperatur und Nahrungszufuhr gesichert, so sorgen jetzt viele Einflüsse dafür, dass wir uns nicht immer wohlfühlen. Kälte, Hitze, Hunger, Durst und viele andere Empfindungen weisen uns darauf hin, dass unser Überleben alles andere als sicher ist. Und so versuchen wir, Wege zu finden, um dies zu ändern. Wir drücken unser Unwohlsein in einem Schrei aus, der prompte Aktion der Mutter zur Folge hat. Gelernt haben wir in diesem Moment, dass Schreien Reaktionen hervorruft. Somit drücken wir zukünftig jedes Unwohlsein durch Schreien aus und trainieren so unsere Eltern darauf, das zu tun, was wir als notwendig empfinden.

Auf unserem weiteren Weg lernen wir, unseren Körper einzusetzen, um uns fortzubewegen, Nahrung selbstständig aufnehmen zu können oder zu kommunizieren. Je mehr wir erlernen, desto vielfältiger werden auch die Möglichkeiten, wie wir unser Leben absichern können. Eins begreifen wir jedoch sehr schnell: Jedes Extrem in unserem Leben nimmt uns Sicherheit. Je ausgeglichener die Lebensumstände sind, desto mehr ist unser Überleben auch abgesichert. Zu kalt, zu warm, zu laut, zu leise, zu viel Essen oder zu wenig: Nichts davon ist gut für uns. Unser Aufgabengebiet erweitert sich also auf die Schaffung einer ausgeglichenen Umgebung. Gleichzeitig beobachten wir unsere Eltern und sehen, was bei ihnen funktioniert und was nicht. Sie drücken ihre mehr oder weniger vorhandene Lebensweisheit in ihrer Art, mit Gegebenheiten umzugehen, aus und bis sich uns etwas anderes erschließt, übernehmen wir dies. Sehen wir, dass etwas bei ihnen funktioniert oder zumindest nicht für gefährdende Reaktionen sorgt, kopieren wir sie. Erst einmal wird das als wahr und richtig angesehen, was wir tagtäglich erleben. Doch merken wir, dass eine Eigenschaft, ein Verhalten oder ein Wert ins Extreme geht und für Unausgewogenheit oder Unausgeglichenheit sorgt, spielen wir das Zünglein an der Waage. Mit unseren begrenzten Möglichkeiten versuchen wir, den Ausgleich wiederherzustellen. Da wir noch nicht verstehen, dass unser Einfluss äußerst begrenzt ist und jeder Mensch seinen eigenen Lebensweg gehen muss, suchen wir ständig nach Möglichkeiten, die Extreme der Menschen auszugleichen, die für unser Überleben wichtig sind.

Ein Beispiel hierfür sind zum Beispiel Eltern, die sich dazu entschließen, sich scheiden zu lassen. Für eine abgesicherte Existenz benötigen wir als Kind das Vorhandensein von Mutter und Vater. Dies ist von Beginn unseres Lebens an die Situation, die funktioniert hat, und jede Änderung davon eine mögliche Bedrohung. Verstehen sich Mutter und Vater nun nicht mehr, sieht das Kind in dieser Extremsituation die Aufgabe, ja sogar die Verantwortung, einen Ausgleich zu schaffen. Es wird mit seinen sehr begrenzten Möglichkeiten versuchen, beide Elternteile dazu zu bewegen, wieder zusammenzufinden. Trennen sich die Eltern trotzdem, suchen viele Kinder die Schuld hierfür bei sich selbst und ihrem eigenen Versagen darin, den Ausgleich herzustellen.

Aber auch andere, im späteren Leben weiterhin praktizierte Angewohnheiten finden ihren Ursprung in dieser Ursache. So ist es auffällig, dass Kinder von starken Rauchern zum Beispiel oftmals militante Nichtraucher sind. Kinder, deren Eltern übermäßig auf Sparsamkeit bestanden haben, können meist nicht mit Geld umgehen. Und war der Vater ein erfolgreicher Manager, der aufgrund seiner Berufstätigkeit kaum zu Hause war, sind sie oftmals das genaue Gegenteil. Wir entwickeln uns also zu einer Mischung aus Kopie einer bewährten Verhaltensweise und Ausgleich einer extremen. Hinzu kommen Erkenntnisse über uns selbst, die uns von unseren Eltern mit auf den Weg gegeben werden. So sagt man uns, wie wir sind, und je öfter wir bestimmte Feststellungen hören, desto glaubhafter werden sie, was einfach darin begründet liegt, dass unser Gehirn nicht nach Hinweisen auf den Bestand des Gegenteils sucht, sondern lediglich nach Bestätigung einer einmal festgestellten Tatsache und dabei eine Gewichtung der Glaubwürdigkeit vornimmt. Und unsere Eltern sind für uns erst einmal die glaubwürdigsten Personen.

Bis zum Erreichen der Pubertät haben wir uns also ein Grundgerüst an Werten, Prägungen und Selbsteinschätzungen zugelegt, mit dem wir für den Rest unseres Lebens zu tun haben werden. In der Pubertät nimmt nun die Abhängigkeit von den Eltern ab. Wir wissen intuitiv, dass wir nun einen Punkt erreicht haben, an dem unser Überleben in jedem Fall und auch ohne unsere Eltern abgesichert ist. Wir müssen nun nicht mehr ständig ausgleichen und kopieren, sondern können unserer Persönlichkeit Raum geben. Freunde und Beziehungen werden wichtiger, weil wir ja immer noch nach dem Weg zurück in die absolute Liebe suchen. Zudem tritt unser Fortpflanzungstrieb in Aktion und der erfordert den Kontakt zum (meistens) anderen Geschlecht. Nun ist es von entscheidender Bedeutung, wodurch unser Leben bisher geprägt war: Haben wir gelernt, dass wir liebenswert sind und in jedem Fall geliebt werden, oder wurde die erhaltene elterliche Liebe an Bedingungen geknüpft? Was mussten wir bisher tun, um unser Leben abzusichern? Und was hat für das Wohlwollen unserer Eltern gesorgt? All diese erlernten Muster übertragen wir nun auf unser »neues« Leben.

Prinzipiell wiederholen wir unsere Kindheit in einer umfangreicheren Form in unserer Jugend. Im Erwachsenenalter sind wir dann eine ausge*prägt*e Form, die mit Werten der sie umgebenden Kultur angefüllt ist. Hierbei haben wir, je nach bisheriger Anerkennung und Erfolg, mehr oder weniger unserer Seele mit einfließen lassen.

Natürlich gibt es noch andere Einflüsse, denn gerade als Kind nimmt unser wirkliches Wesen, unsere Seele, eine bedeutende Stellung ein. Wir sind in einer Einheit mit unserem Fühlen, Denken und Handeln und versuchen, unser ausgewähltes Lebensziel zu erreichen, indem wir bevorzugt die uns mitgegebenen Talente praktizieren. So spielen Kinder besonders gerne das, was ihnen im späteren Leben dienlich für die Erfüllung ihrer Berufung sein wird und versuchen, dafür zu sorgen, dass alle notwendigen Voraussetzungen erfüllt werden. Werden diese Talente aber nicht anerkannt und sind sie der Absicherung des Lebens nicht dienlich, werden sie auch gerne einmal vergraben, bis sie sich irgendwann im späteren Leben einen Weg suchen. Wir sorgen also dafür, dass wir nach außen hin eine Person darstellen, die den Werten ihrer Umgebung angepasst ist, und verdrängen in vielerlei Hinsicht unser wahres Wesen damit. Viel zu oft schließen wir einen Kompromiss zwischen diesen beiden Welten, der Seele und der anerkannten Person, denn noch haben wir nicht erkannt, dass nur die Authentizität und ein Leben ohne Kompromisse zum Glück führt.

Nichts jedoch tritt zufällig in unser Leben oder passiert willkürlich. Unsere Seele sucht sich genau die Lebensumstände aus, die für sie erforderlich sind, um ein Maximum an Erfahrungen sammeln zu können und gleich den richtigen Ausgangspunkt zu haben, um das zu lernen, was sie benötigt. So sind unsere Eltern bzw. die Menschen, die uns an Eltern Statt begleiten, niemals zufällig in dieser Position. In der Regel ist unser Lebensziel das kumulierte Lebensziel dieser Personen. Hat zum Beispiel der Vater das Lebensziel, finanzielle Sicherheit zu erreichen, und die Mutter, ihre Spiritualität auszuleben, wird das Kind versuchen, sich durch eine Tätigkeit im spirituellen Bereich finanziell abzusichern. Dies ist grob vereinfacht, da Lebensziele viel komplexer sind, doch erhalten wir wichtige Hinweise, indem wir uns unsere Eltern im Hinblick auf dieses Thema einmal genau ansehen. Dies in Kombination mit den uns mitgegebenen Talenten bringt uns ein ganzes Stück weiter bei der Suche nach unserer persönlichen Berufung.

Dieses System funktioniert seit Anbeginn der Menschheit und so haben wir uns von Sammlern und Jägern zu dem entwickelt, was wir heute sind. Evolution funktioniert genau so und all dies wäre gut, wenn es dabei nicht einige Probleme geben würde. Das erste ist definitiv auch gleichzeitig die Herausforderung, die uns unser ganzes

Leben lang begleiten wird: Veränderung. Wer von uns kennt nicht den Satz »Das war schon zu meiner Zeit so.« oder »Das hat mir auch nicht geschadet.«? Beliebt bei Eltern ist auch die Feststellung: »Das ist eben so und damit basta.« Weiterentwicklung bedeutet eben auch manchmal, Dinge zu ändern, die schon immer so gehandhabt wurden. Dies wird jedoch in der uns bekannten Gesellschaft immer unbeliebter und wie wir bereits anfangs feststellten, sorgt Veränderung für Angst. Während Kinder sich fortentwickeln möchten, werden sie oftmals für Änderungen alter Gegebenheiten bestraft und lernen, dass die von ihnen gemachten Entwicklungsschritte unerwünscht sind und Ablehnung zur Folge haben. Kopieren erwünscht, Änderungen unerwünscht! Doch die Seele von Kindern und Jugendlichen drängt dazu, alles aufzuheben, was ihr widerspricht, und die fehlende Authentizität führt dazu, dass Aggressivität entsteht. Die dann auch unerwünscht ist und zu weiteren Repressalien führt.

Der nun folgende Weg dürfte wenig erstaunlich sein: Jugendliche wissen nicht mehr, wo sie hingehören, werden in Systeme gepresst, die ihnen widersprechen, und in ihrer Individualität nicht anerkannt, sodass sie nur noch mehr anecken und am Ende für die bisher doch so gut funktionierende Gesellschaft nicht mehr tragbar sind. Ausgrenzung statt Akzeptanz führt zu immer massiveren Problemen, während die, die sich anpassen können und am wenigsten verändern möchten, dafür gelobt werden. Anstatt die Energien in positive Bahnen zu lenken, möchten wir lieber in unserer bekannten Komfortzone verbleiben und jegliche nicht hierein passende Entwicklung im

Keim ersticken. Evolution bedeutet nun einmal, den Radius unserer Komfortzone Schritt für Schritt zu erweitern, wenn nicht gar zu verlassen. Veränderungen müssen als notwendige und positive Bewegungen in die richtige Richtung wahrgenommen werden und nicht mehr als Störfaktor. Doch sind wir so festgefahren in unseren antrainierten Werten, dass wir weiterhin auf deren Erfüllung bestehen und dabei lieber eine Verschlechterung unserer Lebensumstände hinnehmen, als dies zu ändern.

Ein weiteres Problem ist mit Sicherheit das ständig steigende Wegbewegen von uns selbst, das Trennung zur Folge hat. Trennung von allen anderen Menschen, von unserer Umwelt und auch von unserer eigenen Seele. Während wir die innovativen Möglichkeiten der über Generationen hinweg stattfindenden Entwicklung ablehnen, nehmen wir alle Prägungen nur zu gerne mit. Denn es ist einfach, sich einen Stempel aufdrücken zu lassen, jedoch schwierig, aus der scheinbaren Sicherheit, die Gewohnheit so mit sich bringt, auszubrechen. Und so steigt die Anzahl an Prägungen mit jeder Generation, während gleichzeitig die Möglichkeiten eines jeden Individuums auf freie Entfaltung sinken. Immer schwieriger wird es, alte Muster aufgrund ihres steigenden Umfangs aufrecht zu erhalten, und da wir uns hier in eine Richtung bewegen, die darauf aus ist, Althergebrachtes in seiner Form zu belassen, muss jeder andersartige Einfluss im Keim erstickt werden.

Unser Zugang zu unserer Seele ist durch den Wunsch nach Angepasstheit blockiert und so suchen wir im Außen nach Gründen, warum es uns nicht gut geht. Hierfür ist es unerlässlich, dass wir trennen. Wir brauchen sozusagen ein Feindbild, das uns auch ständig geliefert wird, um die »Schuld« nicht bei uns selbst suchen zu müssen. Wenn wir ehrlich zu uns selbst sind, werden wir feststellen, dass wir alles, was unseren Zielen nicht dienlich ist, als falsch und bekämpfenswert ansehen, alles was uns bei der Erreichung unseres Ziels hilft, als richtig. Demzufolge trennen wir unsere Welt in Kategorien. Und hierin finden wir den Grund nicht nur für unsere täglichen kleinen Streitereien, sondern auch für Armut und Krieg.

Doch fangen wir zum besseren Verständnis hier einmal an einem anderen Punkt an. Seit frühester Kindheit sind wir nicht nur von uns nahestehenden Menschen umgeben, die uns prägen, sondern auch von einer Vielzahl von Organisationen und Einrichtungen, die alle ihre sehr eigenen Ziele verfolgen. Medien wie Fernsehen, Radio und Internet haben schon sehr früh einen Einfluss auf uns. Das Kinderfernsehen ist unterbrochen von Werbung, die schon kleinen Kindern suggeriert, dass sie zum Glück unbedingt ein bestimmtes Spielzeug brauchen. In den Märchen, die uns unsere Mutter erzählt, bekommt die Prinzessin immer den Prinzen, der sie vorher gerettet hat, und die schlanke und überaus nette Barbie heiratet ihren perfekten Traummann Ken.

Weiter geht es mit dem »Supertalent«, »DSDS« und »Germany´s Next Topmodel«, wo uns eingebleut wird, dass wir nur dann beachtet werden, wenn wir entweder ausnehmend begabt sind oder besonders gut aussehen, wobei gleich auch noch die dazugehörigen körperlichen Eigenschaften festgelegt werden. Nebenbei erzählt uns die Werbung, wo wir nicht überall einen Mangel haben und dass wir ja gar nicht gesund und wertvoll sein können, weil wir einen bestimmten Joghurt nicht essen und das neueste Computerspiel nicht haben. Die Teenie-Magazine zeigen uns erfolgreiche und beliebte Männer und Frauen, deren Bilder retuschiert sind, damit sie die notwendigen Maße für ihre Berühmtheit haben, denen wir dann nacheifern und dabei versuchen, mit allen Mitteln das zu erreichen, was noch nicht einmal diese Menschen selbst ohne Chirurgie oder Bildmanipulation erreichen konnten. Nebenbei erfahren wir, dass reich und schön der einzige Weg ist, der zu nicht enden wollender Akzeptanz führt.

Beim Kommunion- oder Konfirmationsunterricht lernen wir dann, wenn dies nicht schon früher passiert ist, dass wir ja sowieso von Grund auf schlecht sind und eine Sünde mitbekommen haben, für die wir selbst eigentlich gar nichts können, und dass wir von der Gnade Gottes abhängig sind, die uns relativ willkürlich erscheint. Ansprüche über Ansprüche in unserer Kindheit und Teenagerzeit. Und dann kommt das Erwachsenenleben.

Wir werden in Abhängigkeit von einem Staat gebracht, der für unsere soziale Absicherung Sorge trägt, uns dafür aber vorgibt, was wir zu denken und zu tun haben. Die Nachrichten sind gefüllt mit Informationen, die meist von Quellen stammen, die bestimmte Absichten verfolgen, die zudem meist nicht gerade uneigennützig sind. Die

Werbung zeigt uns immer wieder, wann wir dann endlich glücklich sein werden, und im Kino sehen wir den tollen Macho, der sich für seine Traumfrau von der Brücke stürzt. Nebenbei gibt uns der Staat Regeln vor, die wir einhalten müssen, seien sie auch noch so unverständlich.

Als Mann soll die Männlichkeit zurückgestellt werden, damit die Frau sich gleichberechtigt fühlen kann, während die Frauen ihre weiblichen Seiten ignorieren sollen, um den Erfolg eines Mannes im Berufsleben zu haben. Gehören wir also zur weiblichen Bevölkerung, werden wir die Maße 90-60-90 anstreben, möglichst Körbchengröße C oder D und eine gerade, nicht zu breite Nase und Extensions in den Haaren haben wollen. Wir brauchen einen gut bezahlten Job, wenn möglich in der Modelbranche oder als Sängerin oder Schauspielerin, in dem wir besser sind als alle anderen und wenn möglich einmal im Monat auf dem Cover einer Frauenzeitschrift erscheinen, und treffen einen Partner, der uns seine Liebe dadurch beweist, dass er vom Macho zum Softie konvertiert. Unser Haus ist mit den neuesten technischen Errungenschaften ausgestattet, unsere Kleidung wurde, wenn auch von Kindern in Bangladesch angefertigt, von einem namhaften Designer kreiert und das neueste Auto steht vor der Tür.

Wir leben also in einer ständigen Diskrepanz von dem, was uns als Wert vermittelt wird, und unserer Seele, die nur die Liebe verwirklichen möchte. Mit dem Erreichen eines Glücksmoments nach dem anderen versuchen wir, das fehlende Glück in uns selbst auszugleichen, zu dem wir nur durch ein Übereinstimmen von Fühlen, Denken und Handeln gelangen können. Ein fast unmögliches Unterfangen. So sehr wir auf unserer Freiheit und Unabhängigkeit bestehen: Die Wirklichkeit sieht anders aus und wir erscheinen, objektiv betrachtet, eher wie Marionetten denn wie Wesen mit eigenen Kompetenzen.

Bevor wir aber verzweifeln und alles hinschmeißen, weil sich all diese Punkte nun sowieso (nicht mehr) ändern lassen, sollten wir versuchen, unsere Sinne, aber vor allen Dingen unsere Mauer zu unserer Seele wieder zu öffnen und all dies bewusst wahrzunehmen. Denn wir können auch anders. Hierzu ist es hilfreich, sich die einzelnen Bereiche einmal genauer anzusehen.

Vorab sollten wir uns eine wesentliche Sache vor Augen führen: Unser Leben ist in unseren Breitengraden nur in den seltensten Fällen von Hunger, Durst, fehlender medizinischer Versorgung oder Naturgewalten bedroht. Unser Überleben ist gesichert und wir haben auch ohne eigenes Hinzutun eine soziale Absicherung, ein Dach über dem Kopf und ausreichend Wasser und Lebensmittel. Alles Weitere ist reine Definitionssache! Wir leben also nicht wirklich in einem Mangel, sind nicht von Tod durch Verhungern oder Erfrieren bedroht und müssten eigentlich glücklich sein. Es ist also wichtig für jede Organisation, Firma oder öffentliche Einrichtung, uns davon zu überzeugen, dass es doch einen Mangel gibt oder zumindest die Angst in uns zu erzeugen, dass ein Mangel bestehen könnte, damit wir zum Handeln gezwungen werden.

Wenn wir einmal die Regierungen dieser Welt betrachten, haben alle etwas gemein: Macht. Ziel einer jeden Partei oder an der Macht befindlichen Einzelperson ist es, ihre Vorstellungen durchzusetzen, umzusetzen und einem gesamten Volk überzustülpen. Macht bedeutet Kontrolle und Kontrolle stärkt die Möglichkeiten der eigenen Absicherung der Existenz. Jede Partei oder Einzelperson, die anderes behauptet und als Motivation für ihr Engagement Nächstenliebe angibt, lügt.

Bestes Beispiel ist der amtierende amerikanische Präsident, dem man nur dankbar sein kann für eine herausragende, fast skurrile Präsentation des Entwicklungsstandens der zivilisierten Welt. Mag man ihn auch für seine Lügen, seine den Wert anderer Menschen missachtende Art und seine jegliche gesellschaftliche Normen ignorierende Verhaltensweisen und Entscheidungen verurteilen, so sollte man bewundernd anerkennen, dass er als erster und bisher einziger führender Politiker den Mut besitzt, ganz offen auszusprechen, worum es ihm wirklich geht. Er will Macht, Wohlstand und Erfolg für sich selbst, egal, ob er dafür alles ihn Umgebende niedermähen oder ausbeuten muss. Und auch wenn er diese Ehrlichkeit nicht bewusst gewählt hat, sondern sie einem übertriebenen Narzissmus entsprungen zu sein scheint, ist er eine unverblümte Demonstration der Werte, die uns derzeit antreiben.

Natürlich mag es Politiker geben, die das Allgemeinwohl im Sinn haben, jedoch wage ich zu bezweifeln, dass die Mehrheit der an der Macht befindlichen Personen aus Liebe zu ihren Mitmenschen handelt, sondern einfach der Überzeugung ist, dass ihre Meinung die einzig richtige ist.

Wie wir wissen, bedeutet »richtig«: dienlich für das zu erreichende Ziel. Nur, wer definiert das Ziel? Kann man ein Ziel für ein gesamtes Volk festlegen? Selbst wenn, werden zur Erreichung dieser Ziele Kompromisse eingegangen: Koalitionen, populäre Versprechen an den Wähler, andere Versprechen an die Wirtschaft usw. Damit entspricht der Weg nicht mehr dem zu erreichenden Ziel.

Jeder Politiker muss sich außerdem der nicht zu unterschätzenden, wenn auch nicht direkten Macht des Geldes unterwerfen, denn Geld ist Macht, was wir in einem folgenden Kapitel weiter ausführen werden. Somit müssen weitere Eingeständnisse an die Machtführer dieses Bereichs, im Regelfall der Wirtschaft und den Banken, gemacht werden. Die wiederum ihre eigenen Ziele verfolgen, nämlich Macht in Form einer Führungsposition auf dem Markt. Das, was dann noch von der Politik geregelt werden kann, wird unter Berücksichtigung aller Interessen so eingerichtet, dass eine weitest mögliche Absicherung des Volkes gewährleistet ist. Individualität ist hier nicht vorgesehen und auch wenig erwünscht, weil diese nicht kontrolliert werden kann.

Gerade in Deutschland, wo selbst der Abstand eines Baumes zum Nachbargrundstück auf den Zentimeter genau geregelt ist, wird versucht, alle Eventualitäten und somit die Individualität im Keim zu ersticken. Auch wenn uns das Grundgesetz anscheinend alle Freiheiten gewährt, zeugt die meterlange Bücherreihe von Gesetzen von etwas anderem. Doch für die Aufgabe unserer Individualität werden wir mit etwas offensichtlich viel Besserem belohnt: Krankenversicherung, Rentenversicherung, Arbeitslosenversicherung und, auch ohne nur den kleinen Finger bewegt zu haben, ein monatliches Einkommen, das es uns ermöglicht, einigermaßen angenehm zu leben. Was wollen wir mehr? Was gibt es für Machthaber einfacheres als ein Volk, das sich in einer Abhängigkeit befindet? Wie in unserer Kindheit passen wir unser Verhalten an, um unser Überleben zu sichern, und das fällt in der Regel zu Gunsten der Regierung aus. Wenn wir auch meckern und schimpfen: Am Ende tun wir doch, was getan werden muss!

Das, was unsere Kinder daraus lernen, ist, dass wir einfach nur zu Hause sitzen und das System so hinnehmen müssen, wie es ist, damit wir ausreichend finanzielle Mittel zur Verfügung haben. Es ist mir durchaus bewusst, dass nicht jeder, der von Hartz IV oder ALG I lebt, in diesem Zustand verweilen möchte, jedoch bringt uns alleine schon das Bewusstsein, dass diese Leistungen existieren, in eine Abhängigkeit. Denn wer muss schon Vertrauen zu sich selbst oder in die eigene Seele entwickeln, wenn ein solcher Staat existiert?

Wir wählen also die Bequemlichkeit als Alternative zur Selbstverantwortung. Wir geben die Möglichkeit, über uns selbst zu bestimmen, einfach ab. Wohlgemerkt, hier geht es nicht darum, sich das Wort »Anarchie« auf die Flagge zu schreiben! Doch es liegt immer in unserem eigenen Ermessen, kritiklos und ohne Gedanke über die eigenen Möglichkeiten Einflüsse von Außen anzunehmen oder durch Änderungen im eigenen Verhalten Selbstverantwortung und Reflexion eine Gemeinschaft zu erzeugen, die keiner Regelungen bedarf. Wobei wir hier auch schon bei weiteren »Regierungsformen« wären, die sich derselben Vorgehensweise bedienen: die Kirchen. Da ich selbst die meiste Erfahrung in der katholischen Kirche gemacht habe und dies auch eine der ältesten Religionsgemeinschaften ist, beziehe ich mich im Folgenden größtenteils hierauf.

Basis christlicher Gemeinschaften ist die Bibel, inhaltlich hier vor allen Dingen das Neue Testament. Fassen wir die Aussagen von Jesus Christus und sein Verhalten in einem Satz zusammen, könnte der heißen: Gott liebt alles Leben auf der Erde und genau so sollen wir uns und alles Leben lieben. Ein weiterer Kernpunkt ist, dass durch seine Kreuzigung alle Sünden vergeben worden sind. Wir sind also schuldlos wie ein Neugeborenes und das wohlgemerkt ohne Erbsünde! Denn wo in der Bibel steht, dass uns die Erbsünde weiterhin verfolgen wird und Jesus nicht auch für diese durch seinen Tod Vergebung erreicht hat?

Doch nun kommt die Entwicklung der Kirche: Kreuzzüge, Ablassbriefe, Zölibat, hierarchische Strukturen, Ungleichbehandlung von Mann und Frau, Ansammlung von Reichtümern bis hin zur Gründung eines Kirchenstaates, Gesetzeswerke, die alles regeln und Beurteilung von gottesfürchtigen Menschen bezüglich ihrer Möglichkeit, Sakramente zu empfangen.

Auf die Frage, warum dies alles geschieht, wo doch Jesus selbst gesagt hat, dass wir nicht verurteilen sollen, jeder den direkten Zugang zu Gott hat und alle Menschen vor Gott gleich sind, können wir auch nur eine mögliche Antwort geben: Angst. Uns wird vermittelt, dass wir alle sündig und allein durch die Erbsünde schlecht sind. Wir brauchen also jemanden, der uns den Weg weist, dennoch zu Gott gelangen zu können. Außerdem sollten wir vor einem Priester unsere täglich angesammelten bösen Taten gestehen und bereuen und mit seiner Hilfe Vergebung von Gott erhalten. Nebenbei erhalten wir eine genaue Anleitung, was wir zu tun und zu lassen haben, und stellen fest, dass Gott anscheinend doch nicht alle gleich liebt, denn sind wir homosexuell oder lassen uns gar scheiden, dürfen wir seine Sakramente ja nicht mehr empfangen. Nebenbei darf man hierarchisch nur auf einer höheren Stufe stehen, wenn man vergeistigt genug ist, auf Sexualität den Rest seines Lebens zu verzichten und zudem noch männlich ist. Der Papst als Stellvertreter Gottes auf Erden bestimmt, wer heilig ist, wie wir zu leben haben und was mit dem von der Kirche angesammelten Wissen und den enormen finanziellen Mitteln geschieht.

Nach neuesten Schätzungen beläuft sich das Vermögen der katholischen Kirche und der zu ihr gehörenden Institutionen auf 270 Milliarden Euro. Für eine Institution, die von ihren angestellten Geistlichen Besitzlosigkeit fordert und als Ursprung einen Mann ansieht, der keinerlei Besitz hatte und das großzügige Teilen predigte, schon eine ganze Menge. Nun fragen wir uns, wo bei all dem noch die Feststellungen des Neuen Testaments umgesetzt werden. Selbst wenn wir der Kirche nur selbstlose Motivationen unterstellen, bleibt doch festzustellen, dass wir uns in unserer Entwicklung durch ein Bild beeinflussen lassen, das so von Jesus selbst nie gezeichnet wurde. Außerdem lässt Liebe und Nächstenliebe sich nicht diktieren, doch hier geht die Kirche genauso vor, wie es jede Regierung dieser Welt auch tut: Sie erschafft ein Regelwerk, das das Verhalten der Menschen genauestens vorschreibt, um ein Leben zu erreichen, das alleine durch die Änderung der persönlichen Einstellung hin zu Liebe und Nächstenliebe gewährleistet wäre. Das, was bei einer gesunden Beziehung zu uns selbst und anderen eine logische Auswirkung ist, wird als korrektes Verhalten vorgeschrieben, ohne an der inneren Einstellung der Menschen zu arbeiten. Denn das Erzeugen von Angst wird niemals zu Selbstliebe und Nächstenliebe führen. Wie bei den Regierungen ist es so, dass die Förderung der Eigenverantwortung schneller und unkomplizierter zum gewünschten Ergebnis führen würde, was aber auch gleichzeitig mit einem Machtverlust verbunden wäre, der wiederum wenig wünschenswert für die Verantwortlichen erscheint.

Nachdem wir nun bereits zwei entscheidende Einflüsse auf unsere Entwicklung erkannt haben, kommen wir zu einem weiteren, dem wir uns nicht entziehen können: der Wirtschaft. Da wir selbst nicht mehr in der Lage sind, unsere Bedürfnisse abzudecken, verlassen wir uns darauf, dass diese käuflich zu erwerben sind. Somit ist es für uns überlebensnotwendig, dass Produkte wie Nahrung, Kleidung und Wohnraum produziert werden. Erstaunlich ist dabei, dass unsere Wünsche bezüglich des Angebots hierbei scheinbar immer weiter steigen und wir immer mehr dazu bereit sind, uns von unserer Umwelt abzutrennen, um diese zu erfüllen. Dies ist die Konsequenz eines sehr einfachen Vorgehens: von klein auf wird uns in den verschiedensten Formen mitgeteilt, dass Glück durch das Vorhandensein materieller Fülle erreicht werden kann.

Wir sehen in unserer Umgebung Menschen, die glücklich sind, wenn sie bestimmte Produkte zum Geburtstag geschenkt bekommen, sich ein neues Auto zulegen oder endlich in den Urlaub fahren können. Schnell bekommen wir auch mit, dass ein gewisser Standard dazu führt »dazuzugehören«. Und hier setzt wieder unsere Angst ein. Wir wollen dazugehören, wollen angesehen sein und unsere Mängel abgedeckt wissen, um keine Angst ums Überleben zu fühlen. Firmen machen sich diese Angst zunutze. So zeigt uns die Werbung Menschen, die bei Benutzung bestimmter Produkte glücklich und gesund sind, vermittelt uns mehr oder minder direkt, dass wir ohne sie nicht dazugehören und deckt vorher nicht vorhandene Mängel in unserem Leben auf. Unsere Angst bezieht sich darauf, einen Mangel nicht beseitigen zu können und spielt mit unserem Urinstinkt nach Überleben. Was, wie schon erwähnt, in unserer Gesellschaft absolut unbegründet ist. Doch wir reagieren, kaufen und verwechseln dabei Glücksmomente mit echtem, inneren Glück.

Hier beißt sich die Katze in den Schwanz, denn sobald wir erkannt haben, dass wir den erreichten Glücksmoment nicht auf Dauer halten können, beginnen wir erneut mit der Suche nach Glück, entdecken einen Mangel und kaufen erneut ein. All dies wäre nicht ganz so tragisch, wenn wir darüber nicht eine Trennung aufbauen würden, die zu extremen Missständen in der Welt führt. Denn unsere finanziellen Mittel sind begrenzt und so gibt es zwei Möglichkeiten, um unser Hinterherjagen nach dem nächsten Glücksmoment zu finanzieren: eine Erweiterung der finanziellen Möglichkeiten oder günstigere Beschaffungsmöglichkeiten. Und da die erste Alternative für die meisten Menschen nur in einem geringen Umfang möglich ist, entscheiden sie sich für die zweite. Doch diese hat ebenfalls ihren Preis.

Um günstige Angebote liefern zu können, müssen die Firmen ihre Produktion verändern und eine mindere Qualität anbieten, die zudem noch in Ländern produziert wird, die kostengünstig sind. Wir nehmen gerne in Kauf, dass ein T-Shirt von Kindern in asiatischen Ländern mit krebserregenden Mitteln gefärbt und zusammengenäht wurde und es dafür einen Lohn erhält, der zum Leben zu wenig und zum Sterben zu viel ist, wenn wir es nur für 2,99 € käuflich erwerben können. Es bewegt uns auch nicht zu Verhaltensänderungen, wenn wir in Legebatterien krepierende Hühner sehen, solange wir uns unser tägliches Frühstücksei leisten können und solange der Müll in der Mülltonne landet, kümmern wir uns auch wenig darum, was hinterher mit ihm passiert. Aus einer von Außen produzierten Angst heraus nehmen wir in Kauf, dass Menschen ausgebeutet werden und die Umwelt zerstört wird. Vom Respekt anderen Lebewesen gegenüber ganz zu schweigen. Die Wirtschaft macht sich dies zunutze, denn auch hier geht es lediglich um die Angst, an Macht zu verlieren, denn Geld ist Macht und dieses wird nur hinzugewonnen, wenn beim Käufer der Wunsch erzeugt wird, ein hergestelltes Produkt zu besitzen. Kann man über ein T-Shirt vielleicht noch diskutieren, wird es ernster, wenn es an unsere Gesundheit geht. Hier sind die Gewinnspannen der Firmen weitaus größer und der Verbraucher ist meist auf Gedeih und Verderb Ärzten und deren Verschreibungen ausgeliefert, wenn er nicht selbst über ein Studium der Medizin verfügt. Es würde zu weit führen, hier das Gesundheitswesen zu durchleuchten, jedoch steht fest, dass die Pharmaindustrie wohl kaum eine gemeinnützige Organisation ist und sich nicht als einziger Industriezweig nicht der Angst der Verbraucher bedient. Im Gegenteil, die Milliardenumsätze, die hier eingefahren werden, bestätigen die Angst des Konsumenten in Bezug auf sein Überleben und machen gleichzeitig deutlich, wie dieser Industriezweig arbeiten muss, um die Gewinne zu halten beziehungsweise zu steigern.

Es gibt noch sehr viele andere Einflüsse, die uns zu dem machen, was oder wer wir sind, doch reichen die dargestellten aus, um uns ein Bild darüber zu machen und das dahinter stehende System zu erkennen und es zu ändern.

Feinstofflicher und grobstofflicher Körper Wie unsere verschiedenen Ebenen miteinander arbeiten

Nachdem wir nun unsere Entwicklung verstanden haben, ist es wichtig zu erkennen, aus welchen verschiedenen sichtbaren und unsichtbaren Ebenen wir bestehen und wie diese untereinander kommunizieren. Denn während das Bilden unserer Prägungen und Werte ein Automatismus ist, dem wir uns kaum entziehen können, muss das »Umprogrammieren« bewusst erfolgen. Die Gründe, warum wir darauf überhaupt Einfluss nehmen sollten, erklären sich im weiteren Verlauf von selbst.

Die Physikerin und Geistheilerin Barbara Brennan beschreibt unseren feinstofflichen Körper als ein aus neun Ebenen bestehendes System, von dem vier der physischen Welt, alle übrigen der geistigen Welt zugeordnet sind. Das entspricht dem Modell von Annie Besant, ergänzt durch zwei weitere Ebenen. Auch mit dem Modell von Max Heindels deckt es sich, da er wie Brennan die vier unteren feinstofflichen Ebenen der physischen Welt zuordnet, während beide die darüber liegenden Ebenen in eine geistige Welt sortieren, die bei Heindel »Astralwelt« beziehungsweise »Welt der Gefühle« heißt, bei Brennan die »geistige Welt«. Brennan spricht auch von sieben Hauptchakren und 21 Nebenchakren, wobei der

Ursprung der Chakrenlehre auf alte tibetanische Überlieferungen zurückzuführen sind.

Für unsere weitere Arbeit an uns selbst ist es vollkommen ausreichend, wenn wir verstehen, dass wir angrenzend an unseren physischen Körper einen Emotionalkörper haben, der uns auf eine Breite von 20 bis 30 Zentimetern umgibt und an dessen Grenze sich der Mentalkörper anschließt. Wie schon die Namen aussagen, speichern wir hier unsere Gedanken und Gefühle. Um eine Verbindung der verschiedenen Ebenen untereinander zu gewährleisten, arbeiten die Chakren wie rotierende Kanäle auf allen Ebenen und leiten Informationen weiter. Die sieben Hauptchakren befinden sich an folgenden Punkten:

1. Chakra (Wurzelchakra): Dieses Chakra befindet sich im Bereich des Beckenbodens auf Höhe des Steißbeins. Thematisch ist dem Wurzelchakra der Selbsterhaltungstrieb und die Verwurzelung mit dem Leben zugeordnet, gesundheitliche Beschwerden im Bereich des Verdauung, der Knochen und der Drüsenfunktionen werden diesem Chakra zugeordnet.

2. Chakra (Sakralchakra): Die Position des Sakralchakras befindet sich in Höhe des Kreuzbeins, etwas unterhalb des Bauchnabels. Diese Lage zeigt auch schon die thematische Zuordnung an, denn das Chakra liegt nahe der Geschlechtsorgane und wird vor allen Dingen dem Sexualtrieb und den weiblichen Eigenschaften zugeordnet. Körperliche Beschwerden im Bereich der Unterleibsorgane und des Blutkreislaufs können hier beeinflusst werden.

3. Chakra (Nabelchakra): Dieses wird auch als das Solarplexus Chakra bezeichnet, womit gleichzeitig die Positionierung besser verdeutlicht wird. Gleichzeitig wird hierdurch auch klar, dass es sich im körperlichen Bereich um das für die Verdauungsorgane zuständige Chakra handelt. Thematisch sind die Persönlichkeitsentwicklung und ein gesundes »Bauchgefühl«, also die Intuition, diesem Bereich zugeordnet.

4. Chakra (Herzchakra): Das Herzchakra hat seine Lage nicht, wie der Name zu vermitteln scheint, am Herzen, sondern in der Mitte des Brustkorbs an der Thymusdrüse. Es ist als einziges in der Lage, an alle anderen Chakren direkt Energie abzugeben und befasst sich thematisch mit Liebe und Nächstenliebe. Körperlichen Einfluss nimmt es auf alle dem Herzen und der Lunge zugeordneten Funktionen.

5. Chakra (Halschakra): Die Position des Halschakras befindet sich in Höhe des Kehlkopfes und wird thematisch der Kommunikation und dem Gleichgewicht zwischen Denken und Fühlen zugeordnet. Erkrankungen im Hals- und Kieferbereich können hier beeinflusst werden.

6. Chakra (Stirnchakra): Dieses Chakra wird auch das »Dritte Auge« genannt und ist somit das Zentrum unserer Erkenntnisse und der Intuition. Es liegt etwas oberhalb der Nasenwurzel zwischen den Augenbrauen. Menschen mit einem geöffneten Dritten Auge sind in der Lage, Übersinnliches wahrzunehmen, wozu auch die Hellsicht

gehört. Körperlich wirkt es entsprechend auf die Sinnesorgane Augen, Ohren und Nase.

7. Chakra (Kronenchakra): Dieses Chakra wird auch oft als Scheitelchakra bezeichnet, wodurch die Lage besser verdeutlicht wird, denn es befindet sich am Scheitelpunkt des Kopfes. Thema dieses Chakras ist die Spiritualität und Selbstverwirklichung, während körperliche Beschwerden im Bereich des Gehirns ihm zugeordnet werden.

Über Chakren und die Arbeit mit ihnen gibt es zahlreiche und sehr umfangreiche Werke und eine ausführliche Beschäftigung würde den Umfang dieses Buches mit Sicherheit sprengen. Doch reichen die oben genannten Informationen aus, um sie in unsere weiteren Ausführungen mit einzubeziehen.

Gehen wir nun im Weiteren von folgendem System aus:

Wir bestehen aus einem komplexen System, das aus sichtbaren und für uns visuell nicht wahrnehmbaren Ebenen besteht. Die wichtigsten während unserer Inkarnation und für die Arbeit mit uns selbst sind unser Körper, die Emotional- sowie die Mentalebene, die alle untereinander über die jeweiligen Chakren Energien und Informationen weiterleiten. Ein gesunder Mensch besteht demnach aus einem auf allen Ebenen gut funktionierenden System und freien Chakren.

Gandhi definiert Glück als Zustand der Übereinstimmung von Denken, Fühlen und Handeln, was mit diesen Ebenen übereinstimmt. Sind wir also in der Lage, authentisch zu leben, denn nichts anderes ist die Übereinstimmung dieser Ebenen, erreichen wir Glück. Eine reine Aneinanderreihung von Glücksmomenten ist hierzu nicht ausreichend.

Bodo Deletz geht davon aus, dass sich vertikal vor uns sowohl in der Emotional- als auch Mentalebene eine Art Skala befindet, auf der wir einzelne Gedanken und Gefühle einsortieren. Je tiefer diese eingestuft sind, desto negativer ist ein Gedanke oder ein Gefühl. Umgekehrt sind die im oberen Bereich angesiedelten immer positiver, während sich in der Mitte eine neutrale Zone befindet, die Dinge beinhaltet, zu denen wir keine Einstellung haben oder die uns relativ gleichgültig sind. Wie auch in anderen Bereichen, ist diese Einteilung sinnvoll, denn alles Dunkle, Schwere, Kalte und Negative befindet sich immer unten. So finden wir auch im täglichen Sprachgebrauch hierfür Belege. Etwas »zieht uns runter« oder wir spüren »dicke Luft«. Wärme steigt immer nach oben, während Kälte sich unten sammelt. Mit Hilfe dieser Einteilung können wir sehr genau feststellen, ob unser Denken und Fühlen in Einklang steht. Es bedarf ein wenig Übung, jedoch können wir hier mit Visualisierungen arbeiten und so eine zumindest grobe Vorstellung davon bekommen, wie wir zu bestimmten Themen stehen und Fortschritte messbar machen.

Die Positionen auf dieser Skala sind unterschiedlich gefestigt. So gibt es Feststellungen, die wir leicht darauf verschieben könnten, andere wiederum sind wie fest zementiert. Dies hat seine Ursache darin, dass Wiederholungen von Erfahrungen oder nachvollziehbare Beweise zu mehr Stabilität führen, auch wenn objektiv gesehen diese Feststellungen als falsch betrachtet werden müssen.

Zur Verdeutlichung hier ein Beispiel:

Ein Kind wird von den Eltern in der Kindheit immer wieder darauf hingewiesen, dass es ja nicht hübsch sei, aber intelligent. Da die Eltern die glaubwürdigsten Personen in seinem Leben sind, ist die Gewichtung dieser Feststellung sehr hoch. Es passieren mehrere Dinge: Das Kind entwickelt eine negative Einstellung zu sich selbst, die auf der Mental- und Emotionalebene gleichermaßen weit unten einsortiert ist. Das Gehirn, das darauf ausgerichtet ist, Bestätigungen zu finden und gar nicht erst nach Indizien für das Gegenteil sucht, findet diese in den Wiederholungen der Eltern und im späteren Leben eventuell noch in Verhaltensweisen von Freunden, denn nun wird jede Ablehnung daraufhin überprüft, ob sie nicht auf diesen Mangel zurückzuführen sein könnte, was ebenfalls zu Missverständnissen mit der Umgebung führt.

Sinkt die Position nicht noch weiter, so wird sie zumindest so sehr gefestigt, dass vereinzelte Hinweise auf Schönheit gar nicht ins Gewicht fallen. Die Feststellung der Eltern, die gleichzeitig als Ablehnung der eigenen Person angesehen wird, führt dazu, dass auf der Emotionalebene Schmerz entsteht. Die Aufmerksamkeit des Kindes liegt nun auf dem Gedanken, dass es nicht hübsch ist und das immer wirksame Resonanzgesetz sorgt dafür, dass genau dies auch wieder gespiegelt wird. Da Energie der Aufmerksamkeit folgt und alles in dieser Form zurückkehrt, werden immer mehr Situationen eintreten, in denen das Aussehen eine Rolle spielt und als negativ empfunden wird. Der emotionale Schmerz hierüber wirkt wie Sand in den Getrieben der betreffenden Chakren, hier vor allen Dingen im Herzchakra, da die Eigenliebe angegriffen ist, und dem Sakralchakra bei einem Mädchen, denn auch das Gefühl der Weiblichkeit ist betroffen. Das angegriffene Selbstbewusstsein sorgt dafür, dass das Kind nicht so handelt, wie es das gerne tun würde und Gedanken wie »Dafür bin ich nicht hübsch genug« sorgen für ein Übriges.

Solange der Schmerz nicht aufgearbeitet wird und wieder Einklang mit der Seele, für die Liebe zu sich selbst bedingungslos bereits vorhanden ist, dem Denken und dem Handeln besteht, werden die Chakren nicht absolut rund laufen. Kommen nun weitere Situationen hinzu, die sich zu diesem Sandkorn im Getriebe gesellen, kann es zu einer starken Beeinträchtigung oder gar einer Blockade des Chakras kommen, sodass keine oder nur sehr wenig Energie weitergeleitet werden kann. Dies äußert sich in letzter Instanz in körperlichen Beschwerden. Auch wenn im späteren Leben die Einstellung zu sich selbst geändert wird, bleibt der Schmerz über die scheinbare Ablehnung der Eltern bestehen, muss also gesondert betrachtet werden.

Jede Ebene in uns beeinflusst also die anderen, sodass es nicht ausreichend ist, Gedanken oder Gefühle zu kontrollieren. Wir müssen immer ganzheitlich vorgehen und dafür Sorge tragen, dass es nicht nur jeder Ebene für sich gut geht, sondern dass eine Ausgeglichenheit zwischen allen vorhanden ist.

Reiki, Schamanismus und andere Weisheiten Welche (Aus-)Wege uns zur Verfügung stehen

Eine Konditionierung aus unserer Kindheit ist, dass Schmerz als negativ anzusehen ist. Wir versuchen jede Form von Schmerz zu vermeiden und, falls das nicht funktioniert, ihn so schnell wie möglich loszuwerden. Anstatt bereits auf kleinste Signale mit Veränderung zu reagieren, ignorieren wir Warnsignale wie Traurigkeit, Antriebslosigkeit, Müdigkeit und Ruhelosigkeit und halten uns mit damit über Wasser, dass das schon irgendwann wieder vergehen wird oder schmeißen mal eben ein paar Vitamine ein. Wird der Schmerz dann größer und führt schon zu körperlichen Beeinträchtigungen, benötigen wir einen Arzt, der uns mit Blutdruckmitteln, Antibiotika oder Antidepressiva versorgt, damit wir uns mit den Folgen unserer Ignoranz gar nicht erst auseinandersetzen müssen. Wir möchten die Symptome an unserem Körper wegzaubern ohne uns um unsere Seele, Gefühle oder Gedanken großartig kümmern zu müssen.

Empfinden wir seelischen Schmerz, schieben wir die Verantwortung anderen in die Schuhe und betrachten uns lieber als das arme Opfer, als etwas daraus zu lernen und hoffen im Übrigen, dass ein netter Frauenabend oder eine Sauftour mit den Freunden uns schon darüber hin-

weg helfen wird und im Notfall arbeiten wir eben mit ein bisschen Verdrängung.
Wünsche und Bedürfnisse unserer Seele werden konsequent missachtet, weil sie nicht in das uns mitgegebene Bild eines guten Menschen passen und funktioniert dies nicht, schließen wir eben unsere Gefühle aus und mauern sie in einen großen Schutzwall, der dafür sorgt, dass wir mit Dingen wie Berufung oder Sehnsucht überhaupt nicht mehr belästigt werden.

Bei all dem erwarten wir dann auch noch, dass wir glücklich sind. Und da wir nun eben den einfachen Weg bevorzugen, sind Tür und Tor für jede Form von Wunderheilungen geöffnet.

Doch leider funktioniert das nicht. Denn was wir uns in mehreren Jahrzehnten Leben aufgebaut haben, verschwindet nicht so einfach. Der esoterische Markt boomt und Wahrsager, Astrologen und Channelmedien sind gefragt wie nie. Hier wird die schnelle Hilfe in der Form erhofft, dass wir die Mitteilung erhalten, dass unser großes Loch, in dem wir uns befinden, ja nur temporär ist und demnächst die große Liebe, der Sechser im Lotto und das große Glück ins Leben tritt. Wir könnten dann nämlich einfach so weiter machen wie bisher und müsste nur noch ein wenig durchhalten.

Meist findet man sogar einen entsprechenden Berater, der einem die erhoffte Prognose abgibt, auch wenn man dafür einige Anrufe tätigen muss. Doch irgendwann erkennen wir, dass das alles nichts hilft und sich die Lage verschlechtert anstatt verbessert. Krampfhaft halten wir an unserer altbekannten Komfortzone fest, obwohl wir eigentlich erkennen, dass wir sie in Richtung unbekanntes

Terrain verlassen müssten, um wieder glücklich zu werden. Es ist eben so, dass wir den bekannten Schmerz dem unbekannten Glück vorziehen, weil unser Gehirn uns vor Dingen mit Angst warnt, die es nicht einschätzen kann.

Inzwischen sind wir aber so weit, dass wir grundlegende Missstände in unserem Leben erkennen und auch eine Ahnung haben, dass eine rein physische Behandlung durch einen Arzt nicht hilft, sondern nur die ganzheitliche. Also machen wir uns auf die Suche und finden Reiki, Schamanismus und Co. und versprechen uns von den entsprechenden Anbietern, dass sie uns die notwendige Energie an den richtigen Stellen geben, damit wir uns wieder gut fühlen. Wir machen Arbeit mit dem inneren Kind, suchen und finden Seelenanteile, machen schamanische Reisen und besuchen einen Yoga-Kurs. Wir buchen sozusagen die Rundreise im Esoterik-Tourismus. Doch auch wenn wir anfänglich eine leichte Besserung bei allen Methoden spüren, ist diese nur selten von Dauer. Wir drehen und winden uns so lange, bis wir endlich erkennen, dass keine noch so tolle Methode hilft außer der, sich mit uns selbst zu befassen. Doch der Weg bis dahin ist meist beschwerlich.

Grund hierfür ist es, dass körperliche Beschwerden meist erst dann auftreten, wenn ein Chakra kaum noch arbeitet und echte Blockaden existieren. Energetische Heilmethoden können viel leisten und rechtzeitig angewandt auch körperliche Auswirkungen verhindern, doch sind sie nicht in der Lage, Blockaden aufzuheben. Sie können sie lockern und lösen, sodass sie für den Betroffenen besser erkennbar sind, weil er meist wieder in der Lage ist, den Schmerz zu fühlen, den er verdrängt hat. Doch nehmen können sie ihn nicht. Auch Hellseher und Channelmedien können, wenn sie ausreichend geschult sind, mit den Informationen, die sie bekommen, gute Hinweise darauf liefern, welche Erfahrungen durch die bestehende Situation gemacht werden sollen, doch im Regelfall helfen alle diese Dinge ab einem bestimmten Grad der Belastung nur noch in Verbindung mit einem professionellen Coaching, in dem erlernt wird, der Seele wieder zuzuhören und unser Denken und Handeln in Einklang mit ihr zu bringen. Es läuft immer wieder auf einen einzigen Punkt hinaus: Eigenliebe.

Energetische Heilmethoden sind effektiv, sinnvoll und empfehlenswert, jedoch ersetzen sie nicht die eigene Arbeit an uns selbst, die wir so gerne vermeiden möchten, weil sie schmerzt. Wir möchten einfach nicht aus dem uns bekannten Muster austreten, wissen nicht, was uns erwartet und haben zudem noch nicht das Selbstvertrauen, dass wir es schon schaffen werden. Und meistens müssen wir zumindest einmal jeden vielversprechenden alternativen Weg gegangen sein, bevor wir uns dem schwersten stellen. Und hier liegt auch die Gefahr: Natürlich ist es wünschenswert, wenn wir uns Hilfe auf unserem Weg holen, wenn wir mit Reiki ein wenig zusätzliche Energie tanken und Blockaden lösen, mit Hilfe der Bodo-Deletz-Methode in der Matrix unsere Glaubenssätze ins Positive schieben oder auf schamanischen Reisen unserer Seele näher kommen. Es kann durchaus hilfreich sein, wenn wir bei einer Rückführung Gründe für scheinbar unbegründete Ängste erkennen oder durch ein Channelmedium Nachrichten der geistigen Welt mitgeteilt bekommen, die uns erkennen lassen, wohin der Weg gehen soll.

Doch sind das alles Krücken, die wir irgendwann einmal ablegen müssen. Wie Kinder müssen wir unseren Weg in die Selbstständigkeit finden, dürfen nicht alte Abhängigkeiten durch neue ersetzen und uns zum Sklaven neuer Lehrer oder Lehren machen. Wir sind Individuen, die alle Macht haben, die sie brauchen. Wir müssen sie nur nehmen und nutzen. Das Buch »The Secret« geht da schon in eine Richtung, die dem entspricht. Denn das dort beschriebene System besagt ganz klar, dass wir alle einfach das, was wir erfahren wollen, beim Universum bestellen können und erhalten werden. Leider ist dort nicht erwähnt, wie wir den hierfür notwendigen Glauben daran erhalten, dass wir das wert sind, wie wir uns dazu entschließen, diese Erfahrung auch wirklich zu machen oder wie wir das Vertrauen gewinnen, das dazu erforderlich ist. Und hier landen wir wieder einmal bei der einzigen Lösung: Eigenliebe.

Lernen wir uns selbst kennen und lieben, werden wir automatisch an diesen Punkt kommen und werden zudem in der Lage sein, uns bewusst für Erfahrungen zu entscheiden, die wir in unser Leben ziehen möchten. Doch dürfen wir nicht erwarten, dies in neuen Abhängigkeiten zu erlernen oder durch eine Wunderheilung zu erfahren. Es ist unsere Aufgabe im Leben, diesen Weg selbst zu gehen. Und bei diesem dürfen wir uns jeder Hilfe bedienen, die sich uns bietet.

Abschließend zu diesem Punkt bleibt noch zu erwähnen, dass der Esoterikmarkt immer unübersichtlicher wird. Die

Zahl der angebotenen Methoden wird täglich größer ebenso wie die derer, die sich damit rühmen, neue Methoden erfunden oder gechannelt zu haben. Zwar ist auch ein Lehrer ein Mensch, der sich noch auf seinem Weg befindet und entgegen der allgemeinen Annahme wird auch ein solcher seine eigenen Probleme haben. Dennoch setzt das Unterrichten von Menschen ein gewisses Verständnis und eigene Erfahrungen voraus und besonders bei Energiearbeit sollten Dienstleister, denn nichts anderes sind sie, in der Lage sein, sich in ihre eigene Mitte zu bringen und die entsprechenden Werkzeuge nutzen zu können, die erforderlich sind, um anderen zu helfen

Wie in jedem Bereich gibt es hier einige schwarze Schafe, die versuchen, das schnelle Geld zu machen und sich nicht darum kümmern, dass sie anderen damit erheblichen Schaden zufügen. Es mag sein, dass es irgendwo auf der Welt einen Menschen gibt, der in zehn Minuten einen anderen von seinen Blockaden komplett befreien und heilen kann, jedoch werden wir den weder im Fernsehen finden noch in irgendwelchen dubiosen Anzeigen. Logisch ist, dass jede jahrelange Entwicklung eine gewisse Zeit benötigt, um rückgängig gemacht oder ersetzt zu werden. Denn was erfahren oder lernen wir, wenn uns einfach jemand so davon befreit? Nichts! Und so würden wir genau dieselben Schritte wieder gehen, die uns bekannt sind und die zu den Blockaden geführt haben. Auch wenn es schwerfällt, sollten wir den zwar langsameren, dafür aber auch effektiveren und von dauerhaftem Erfolg gekrönten Weg gehen.

Eigenliebe, Nächstenliebe und Gott
Warum Liebe die Welt verändert

Wenn es eine Sache gibt, die wir mit Sicherheit sagen können, dann ist es, dass unser bisheriges System der Trennung nicht wirklich funktioniert hat. Unsere Welt ist wirklich gefährdet. Nicht nur, dass die Menschheit von immer neuen, unheilbaren Krankheiten und Katastrophen bedroht wird, auch die Erde selbst zeigt uns deutlich, dass die uns verbleibende Zeit auf ihr im Verhältnis zu ihrem Alter immens gering ist. Sollten wir es also nicht schaffen, uns selbst zu zerstören, wird die Erde uns bald keinen Lebensraum mehr bieten.

Irgendwann lebten die Menschen doch einmal in Einklang mit der Natur und in Gemeinschaften, in denen jeder vom anderen abhängig war. Und obwohl das Leben zu dieser Zeit alles andere als abgesichert war, funktionierte es. Heute, in einer Welt, in der Nahrungsmittel sogar vernichtet werden, weil sie an bestimmten Orten der Welt einfach im Überfluss vorhanden sind, ist unser Leben von Stress, Streit, Krieg, Vernichtung und Ausbeutung geprägt. Jeder scheint nur noch sich selbst zu kennen und Kämpfe im Großen wie im Kleinen sind für uns schon so normal, dass wir sie kaum noch beachten.

Im gleichen Maße, wie diese Lage sich zuspitzt, entwickeln sich aber auch andere Situationen. Gab es in unseren Breitengraden noch vor einigen Jahrzehnten eine breite Mittelklasse, so wird heute die Anzahl der Armen immer größer, während die Zahl der Reichen sich dezimiert. Eine wirklich beängstigende Studie wurde von Oxfam im Jahr 2014 veröffentlicht. In einem Auszug hieraus heißt es:

- ❖ Sieben von zehn Menschen leben in Ländern, in denen die soziale Ungleichheit heute größer ist als vor 30 Jahren.

- ❖ Seit 2008 hat sich die Zahl der Milliardärinnen und Milliardäre weltweit verdoppelt, ihr Vermögen entspricht den Bruttoinlandsprodukten Deutschlands und Kanadas zusammen.

- ❖ Ein Prozent der Weltbevölkerung besitzt fast die Hälfte des Weltvermögens.

- ❖ Nach Schätzungen von Oxfam besaßen im Jahr 2014 die reichsten 80 Personen auf der Welt genauso viel wie die gesamte ärmere Hälfte der Menschheit. 2010 waren es noch 388.

- ❖ Das Vermögen der 80 reichsten Personen auf der Welt betrug 2014 insgesamt rund 1,9 Billionen US-Dollar. Es ist seit 2010 um rund 600 Milliarden US-Dollar gewachsen.

- ❖ Wenn Bill Gates jeden Tag eine Million Dollar seines Vermögens ausgeben würde, hätte er es erst nach 218 Jahren restlos verbraucht!

Bei diesen Zahlen sollten wir uns fragen, wohin uns das in wenigen Jahren führen wird. Die Diskrepanz zwischen Arm und Reich wird nicht nur größer. Zudem kommt, dass eine Anzahl von »Reichen« scheinbar dafür sorgt, dass ihre Gruppe immer kleiner wird. Stimmt der Satz »Wer das Geld hat, hat die Macht«, nähern wir uns also einer Diktatur. Und der letzte Punkt lässt doch wirklich die Frage aufkommen, warum die reichsten Menschen auf dieser Welt nicht einfach ganze Länder ernähren können, wenn sie doch sowieso nicht in der Lage sind, ihr Vermögen bis zu ihrem Tod komplett auszugeben.

Auch wenn wir keine Anhänger des Kommunismus sind, sollten wir uns bei diesen Zahlen fragen, ob es nicht sinnvoll ist, diese Entwicklung zumindest einzufrieren, denn wenn sich innerhalb von vier Jahren die finanzielle Macht von 388 auf 80 Personen weltweit reduziert hat, dürften wir noch erleben, wie eine Handvoll Menschen die Welt regieren wird, wobei deren Priorität scheinbar im Ausbau ihres eigenen Reichtums liegt.

Leider sehen wir uns immer noch nicht als Menschheit, sondern Individuen, die sich zuerst um ihr eigenes Wohl kümmern, sodass Tür und Tor für Ausbeutung, Bestechung und Regelungen zugunsten der »Reichen« offen stehen. Unbewusst unterstützen wir alle diese Entwicklungen durch vielfältige Handlungen jeden Tag, wie wir ja im ersten Abschnitt bereits festgestellt haben. Aufgrund der Verschlechterung der Lebenssituation »normaler« oder armer Bevölkerungsschichten wird ein Nährboden für Krieg, Hass und Gewalt bereitet. Wenn wir alle einmal überlegen, wo wir selbst uns als Teil der Menschheit einbringen und Trennung aufheben können, würden wir mehr erreichen, als wenn wir immer neue Feindbilder erschaffen.

Außerdem ist es sehr interessant, sich einmal unser Wertesystem in der westlichen Welt anzusehen. Wir sind heute ohne mit der Wimper zu zucken bereit, einem Fußballspieler zuzujubeln, der für seine Tätigkeit mehr als 40 Millionen Euro im Jahr verdient oder in den Film eines Schauspielers zu gehen, der dafür 75 Millionen Dollar erhalten hat.

Auf der anderen Seite sind wir aber empört, wenn ein Seelsorger 3.000 Euro netto im Monat zur Verfügung hat und ein Priester zudem noch eine Wohnung und eine Haushälterin gestellt bekommt. Wir regen uns massiv über einen Streik von Piloten auf, die täglich hunderte von Passagieren durch die Luft befördern und dafür um die 20.000 Euro monatlich verdienen, aber eine bessere Altersversorgung haben möchten und verstehen nicht, wieso ein Manager mit hoher Personalverantwortung bis zu 100.000 Euro im Monat verdienen kann, finden es aber total normal, dass eine Sängerin für ein einziges Lied knappe neun Millionen Euro einnimmt. All dies sagt eine Menge darüber aus, was wir als *wert*voll empfinden und was nicht.

Die Bedeutung der Eigenliebe nun ist so groß, weil sie all dies verändern würde. Auf den ersten Blick mögen wir denken, dass noch mehr Eigenliebe zu einer Verschlimmerung der Situation führen muss, weil dann ja jeder

Mensch nur noch an sich denkt. Das Gegenteil jedoch ist der Fall. Doch warum ist das so?

Alles, was lebt, ist miteinander energetisch verbunden. Wir haben alle denselben Ursprung und können untereinander energetisch in Kontakt treten. Das Universum bezieht alles in die Planung mit ein, wenn es darum geht, unsere notwendigen und gewünschten Erfahrungen real werden zu lassen. Vergleichbar mit den Kreisen auf der Wasseroberfläche, die ein hineingeworfener Stein verursacht, hat jede Handlung, jeder Gedanke von uns eine weit spürbare Wirkung. Die von vielen Energiearbeitern gelehrte Matrix stellt sich als Pool der Möglichkeiten dar, in der jede Seele ihren Platz hat und umgeben ist von einer Unmenge an möglichen Erfahrungen, aus denen sie nur auswählen muss.

Hierin erklärt sich auch das Resonanzgesetz. Wir geben einen Gedanken in die Matrix, in der daraufhin alle möglichen Schalter so umgelegt werden, bis diese Energie in Form einer Erfahrung zu uns zurückkehrt. Dies ist natürlich stark vereinfacht, erklärt aber, warum der Sack Reis, der sprichwörtlich in China umfällt, auf jeden von uns eine Auswirkung hat.

Lieben wir uns nun selbst und geben somit auch Gedanken der Liebe in die Matrix, werden wir auch nur entsprechende Erfahrungen erhalten. Außerdem werden wir, wenn wir mit uns selbst glücklich sind und ausreichend Liebe zu uns selbst vorhanden ist, keinen Mangel mehr empfinden. Wir werden keine Erwartungen an andere

Menschen richten, einen Mangel bei uns auszugleichen und werden sie genau so nehmen können, wie sie sind. Wir sind in der Lage, unsere Position im Leben genau so zu lieben, wie sie ist. Ängste, das Gegenteil von Liebe, werden komplett von ihr verdrängt, sodass wir weder nach Macht noch nach Statussymbolen gieren. Alles ist genau so gut wie es ist. Doch ohne das Streben nach Macht, Anerkennung und Liebesbeweisen anderer ändert sich unser Leben. Wir müssen andere nicht mehr beurteilen, sondern können sie, da sie ja nun keine Konkurrenz und keine Erfüllungsgehilfen mehr sind, mit Liebe und Respekt behandeln. Dadurch geht es unserer Umgebung besser und sobald eine Vielzahl von Menschen in der Lage ist, so zu fühlen und zu denken, ändert sich auch das kollektive Bewusstsein, das als solches ja ebenso Realitäten erschafft wie jeder einzelne für sich. Wir verändern also unsere Welt.

Denken wir einmal darüber nach, was wir eingangs schon besprochen haben: Wenn wir uns selbst lieben, kann uns Werbung zum Beispiel nicht mehr einreden, dass wir einen Mangel haben, der durch ein bestimmtes Produkt ausgeglichen werden kann. Benötigen wir also zum Beispiel eine neue Hose, ist es für uns nicht mehr wichtig, dass sie günstig ist, denn wir brauchen ja nicht zehn Hosen im Schrank, um dazuzugehören und immer »up to date« zu sein. Wir sind also in der Lage, nach dem Motto »Qualität statt Quantität« zu leben. Da wir unseren Mitmenschen Respekt entgegenbringen und wollen, dass es allen anderen auch gut geht, werden wir nun ein Produkt wählen, das von Menschen produziert wurde, die unter gesundheitlich unbedenklichen Bedingungen gegen eine faire Bezahlung arbeiten. Die Herstellerfirmen werden, da ihre Geschäftsführer ja nun auch sich selbst lieben und anderen ebenso Respekt entgegenbringen, gar nicht erst auf die Idee kommen, dass sie ihre Marktposition verteidigen oder ausweiten müssen und werden nur noch Produkte produzieren, die diesen neuen Maßstäben entsprechen. Wir haben also unsere neue Hose, der Produzent hat sein Produkt erfolgreich verkauft und die Mitarbeiter dafür eine Bezahlung erhalten, von der sie leben können ohne Angst um ihre Gesundheit haben zu müssen.

Aber auch Kriege gehören der Vergangenheit an, denn was ist ein Krieg anderes als ein Weg von Machthabern, ihre Meinung einem anderen aufzudrücken aus Angst, die eigene Macht zu verlieren? Die Angst vor Machtverlust lässt Staaten jährlich Unsummen an Geld für Waffen ausgeben. Die 100 größten Rüstungskonzerne hatten im Jahr 2012 einen Gesamtumsatz von schätzungsweise 290 Milliarden Euro. Dieses Geld könnte dafür sorgen, dass der Hunger in der Welt verschwindet und wäre mit dem Wegfallen von Angst vor Machtverlust und von Kriegen plötzlich verfügbar. Und dies sind nur einige Beispiele für das, was sich ändern würde, wenn aufgrund von Eigenliebe die Angst aus unseren Leben verschwinden dürfte.

In unserem kleinen, scheinbar so beschränkten Bereich ist es uns, sobald wir dies eingesehen haben, sofort möglich, Änderungen vorzunehmen und umgehend mit mehr Respekt für unsere Umwelt zu leben. Sobald wir anfangen, uns bei jedem Kauf eines Produkts zu fragen, wer dafür was tun musste und ob dies für uns wirklich so gutgeheißen werden kann, werden wir einen kleinen Schritt in die richtige Richtung gehen. Fragen wir uns doch zukünftig einmal, warum die angebotenen Eier im Zehnerpack nur 1,99 € kosten und stellen uns die Legebatterie vor, in dem das »produzierende« Huhn gesessen haben muss. Vielleicht werden wir dann feststellen, dass wir lieber nur sechs Eier auf dem Markt kaufen und dafür etwas mehr ausgeben, uns dafür aber gut fühlen. Oder sehen wir bei unserer Kleidungswahl im Geschäft einmal auf das kleine Schildchen, das uns sagt, wo produziert wurde. Und wenn wir uns dann Berichte über die dortigen Zustände durchlesen, werden wir vielleicht entscheiden, dass wir noch ein wenig warten und dann ein anderes Produkt wählen.

Natürlich gibt es für jeden auch finanzielle Grenzen, aber wenn jeder das tut, was er kann, werden wir schon eine Veränderung vornehmen, die Auswirkungen zeigt. Vor allen Dingen aber werden wir unseren Kindern zeigen, welche Werte wichtig sind und diese werden mit der Weiterentwicklung eine neue Welt erschaffen können.

Kinder, Werte und Erziehung
Wie wir eine bessere Welt erschaffen

Wie sagten unsere Eltern und Großeltern immer? »Zu meiner Zeit hätte es das nicht gegeben!« Richtig. Doch Entwicklung ist wichtig und notwendig, jedoch ist die Frage, in welche Richtung wir uns entwickeln. Natürlich gibt es inzwischen eine große Bewegung hin zu inneren Werten, Spiritualität, Licht und Liebe. Es zählt bei vielen nicht mehr die Sicherheit, sondern das Glück. Auf der anderen Seite gibt es aber auch eine Kehrseite der Medaille, die uns zu denken geben sollte. Jugendliche, die einfach »keinen Bock« auf Beruf(ung) und Sinnhaftigkeit haben, Menschen, die Alkohol und Drogen der Beschäftigung mit sich selbst oder anderen vorziehen, sprunghafter Anstieg von Burn Out und Depression, eine Ellenbogenmentalität, die nicht nur zur Zweiklassen-Gesellschaft, sondern auch der Zerstörung unserer Umwelt führt. Was also haben wir falsch gemacht?

An erster Stelle steht die Erziehung unserer Kinder. Zwölf Jahre Schule vermitteln ihnen Fakten, Fakten und noch mal Fakten. Nicht umsonst ist die Schulausbildung in Deutschland eine der besten weltweit. Doch eins lernen unsere Kinder nicht: Nächstenliebe, Respekt vor der Umwelt und den Mitmenschen, Demut, Dankbarkeit und Einheit. Wir vermitteln Wissen, aber keine Weisheit. Unser komplettes Schulsystem basiert auf Leistung und Wissen. Ist die Schulzeit zu Ende, das Kind erwachsen, ist es in der Lage, die schwersten mathematischen Formeln zu erklären, jedoch nicht den Aufbau einer liebevollen Beziehung.

Ein weiterer Faktor ist sicherlich, dass wir aufgehört haben, selbstständig zu denken. Als Eltern nehmen unsere Kinder unseren Umgang mit unserem Leben als Vorbild an. Wir gehen zur Arbeit, bringen sie hinter uns, sparen auf das nächste Auto, den nächsten Urlaub oder ein neues Wohnzimmer und warten, dass unser Leben irgendwann beginnt, wenn wir nicht zu fertig von all dem sind und die Zeit dafür finden. Wir gehen ins Kino, im Regelfall machen wir jedoch den Fernseher an und lassen diesen für uns denken und uns sagen, was Glück ist und was wir unbedingt noch besitzen sollten, um dann seufzend ins Bett zu gehen in dem Wissen, dass wir das doch nicht erreichen. Wenn wir uns unterhalten wollen, gehen wir in einen Chat und zur Ablenkung spielen wir ein wenig Computer. Alles übrige wird durch Gesetze geregelt und der Staat sichert uns für den Ernstfall wie Arbeitslosigkeit und Krankheit ab. Wo denken wir also noch, entscheiden, was gut und wichtig ist? Und wo sollen unsere Kinder sehen, wie sie zu diesen Ergebnissen kommen? Rebellieren sie dann und kommen mit neuen Ideen oder hinterfragen unser Dasein, versuchen wir sie in Systeme zu pressen, die wir selbst gelernt haben. »Das macht man eben so«, »Was sollen denn die Leute denken?« oder »Das, was für mich gut war, ist für Dich auch genug« sind dann Sätze, die eine Entwicklung im Keim ersticken. Wundert es uns da wirklich, dass Kinder und Jugendliche ein Ventil in Drogen suchen?

Vielleicht ist Entwicklung wirklich wichtig, aber nicht alles muss moderner werden. Ein gutes Buch, das uns zum Denken anregt, ein persönliches Gespräch, in dem Gedanken ausgetauscht werden, ein Brettspiel, das die Familie abends gemeinsam spielt oder auch ein Ausflug in die Natur, bei dem man zusammen Zeit verbringt, sind vielleicht altmodisch, haben aber definitiv mehr Sinn, als ein Fernsehprogramm, das uns das Denken abnimmt.

Dieser Versuch, Ursachen zu finden, kratzt sicherlich nur an der Oberfläche. Vieles mehr liegt bei uns im Argen. Aber vielleicht ist es ein Denkanstoß, der uns hilft, unseren Kindern wieder mehr über das Leben als über Wissenschaften beizubringen.

»Gute« Eltern in der heutigen Zeit setzen sich mit einer Vielzahl von Dingen auseinander: Was soll das Kind essen, welche Windeln sind gesund, welche Themen müssen wann angesprochen werden, wie fördert man am besten Begabungen, usw.? Wir gehen an unsere Elternschaft wissenschaftlich heran, versuchen alles »richtig« zu machen und verstehen am Ende überhaupt nicht, warum das Kind dennoch schwierig ist und Probleme hat. Viele sehen Kinder sogar als eine Art Statussymbol an, das davon zeugt, dass man nun finanzielle weit genug abgesichert ist und sich ein Kind »leisten« kann. Kinder müssen heute oft genug als Erfüllungsgehilfen für die eigenen unerfüllten Träume aus der Jugend herhalten, etwas besonderes sein und aus der Masse herausragen. Wie oft hören wir »Mein Kind ist erst vier und kann schon schreiben!« oder »Wir überlegen, ob unser Kind nicht die erste Klasse überspringt, weil es einfach alles mit links macht.« Schöner wäre es, wenn wir uns vielleicht einfach mal erzählen würden, wie viel Spaß unsere Familie bei der letzten Schneeballschlacht hatte, aber da dies keine in unserer Gesellschaft »wertvolle« Leistung ist, schweigen wir hier.

Kinder haben sich noch nicht daran gewöhnt, Fühlen, Denken und Handeln voneinander zu trennen und nehmen dementsprechend auch besser wahr, was ihre Eltern empfinden. Alleine Handeln und Reden reicht ihnen nicht, denn ein Kind wird immer erkennen, was in seinen Eltern vorgeht. Und ist dies nicht authentisch in allen Bereichen, wird es auch nicht übernommen werden. Sorgen Eltern aber für ihr eigenes Glück, finden einen Ausgleich zwischen Eigenliebe und Nächstenliebe und zeigen dem Kind so, wie es sein sollte, wird es dies auch gerne übernehmen. Wie in den meisten Bereichen konzentrieren wir uns als Eltern immer mehr auf das Außen, dabei ist die einzige und wirksamste Erziehungsmethode das Vorleben. Diese hat zudem noch den Vorteil, dass wir selbst dabei glücklich sind.

Kinder übernehmen von ihren Eltern einen Rucksack an nicht gelösten Aufgaben und Problemen und werden in der Zukunft versuchen, bestimmte Erfahrungen zu machen, die ihre Eltern nicht erreicht haben. Möchten wir also, dass unser Kind frei von unseren eigenen »Problemen« ist und sich in der Zukunft auf Selbstverwirklichung konzentrieren kann, sollten wir ganz einfach dafür sorgen, dass dieser Rucksack weitestgehend leer bleibt. Dazu gehört es aber auch, Entwicklung zuzulassen und sich als Elternteil ständig zu hinterfragen, was die eigenen Beweggründe für Vorschriften, Regeln und Herangehensweisen bei der Erziehung sind. Handeln wir hier aus Liebe und nicht aus Angst vor Machtverlust beim Kind, vor der Ablehnung der Gesellschaft oder aus purem Eigennutz, gehen wir den richtigen Weg. Denn viele Eltern versuchen, unbewusst oder bewusst, ihre eigenen, nicht verwirklichten Ziele im Leben durch das Kind zu erreichen.

Kinder dürfen auch nicht, wie es immer mehr der Fall zu sein scheint, zu einer Art Statussymbol werden. Sie sind niemals Besitz ihrer Eltern, sondern wurden nur in deren Obhut gegeben. Schaffen wir dies, werden wir eine bessere Welt erschaffen, die von Liebe und Respekt geprägt ist. Hierzu sollten wir auch die Weisheit derer nutzen, die uns doch in der heutigen Gesellschaft wie ein Klotz am Bein erscheinen: die Alten!

Alter, Reife und Weisheit
Warum ältere Menschen in unserer Gesellschaft so wichtig sind

Wir haben in der westlichen Welt einen wirklichen Schritt zurück gemacht und gerade in Bezug auf alte Menschen einen Status erreicht, den es in dieser Form noch nie zuvor gegeben hat, noch nicht einmal in der Steinzeit!

Alte Menschen wurden immer respektiert und in vielen Kulturen ist es auch heute noch so. Gerade ärmere Länder kennen keine Alten- und Pflegeheime und was oder wer auch immer ihre Eltern sind, sie werden von den Kindern immer mit Respekt behandelt. Man überlässt ihnen gerne einen Teil der Erziehung der Jüngsten der Familie, respektiert ihre Entscheidungen und nutzt ihr Wissen und ihre Weisheit freiwillig und gerne.

Doch warum ist es in unserer hochentwickelten westlichen Gesellschaft anders? Auch hier hat die Antwort mit dem Thema Angst zu tun, denn je weiter wir uns von uns selbst entfernen, desto mehr Angst entwickeln wir auch vor dem Tod. Und das Alter mit seinem näher kommenden Ende des Lebens erinnert uns an unsere eigene Sterblichkeit. Wir preisen Jugend und Schönheit, weil wir im Außen nach Glück suchen und unseren inneren Mangel durch die Dinge ausgleichen möchten, die uns Wirtschaft und Handel als Glücklichmacher vorgaukeln. Selbst durch zahlreiche Schönheitsoperationen verzerrte Gesichter sind uns lieber als Falten im Gesicht und unser Geld brauchen wir für uns selbst, um uns das zu kaufen, was wir kaufen sollen. Da haben wir doch nichts übrig für die Menschen, die für ihren Lebensunterhalt einfach nichts mehr tun und somit einfach nur ein Klotz an unserem Bein sind! Also ab ins Altenheim, wo wir sie zwar einmal im Monat besuchen müssen, sie uns aber nicht ständig unsere Vergänglichkeit vor Augen führen. Gleichzeitig funktioniert das Alter nicht nach dem Leistungsprinzip. Vermittlung von Weisheit ist nicht messbar und wird nicht als Leistung anerkannt. Somit stellen Rentner für uns keine Gruppe dar, die in irgendeiner Form unseren derzeitigen Werten entspricht und oberflächlich gesehen einfach nur belastet und konsumiert.

Es gibt kaum eine Personengruppe in unserer Gesellschaft, die weniger beachtet und schlechter behandelt wird als unsere alten und kranken Mitmenschen. Jedes Gefängnis ist ein angenehmerer Ort als ein Pflegeheim. Unterbezahlte und gestresste Pflegekräfte sind ein Zeichen dafür, wie hoch wir den Wert der Pflege einschätzen und nur wenige pflegen ihre Angehörigen uneigennützig in den eigenen vier Wänden. Aber auch, wenn unserer Familie noch »rüstige Rentner« angehören, versuchen wir unser Gewissen mit einem Besuch an den Feiertagen zu beruhigen und leben ansonsten unser eigenes Leben. Familienverbunde, in denen alle Generationen integriert sind, finden wir kaum noch. Dabei schließen wir so unsere wichtigste und zudem frei verfügbare Quelle von Weisheit aus.

Nicht umsonst wurden Kinder in früheren Zeiten, aber auch heute noch in anderen Kulturkreisen, den Alten zur

Erziehung übergeben, während die Eltern sich um den Lebensunterhalt kümmerten. Da die ganze Familie zusammenlebte, lernten Kinder die Weisheiten der Großeltern und Urgroßeltern, erhielten aber auch die Liebe und Aufmerksamkeit der Eltern. Die größten Schritte der Evolution konnten so gemacht werden, während diese heute scheinbar stagniert. Mit Beginn des Rentenalters fallen viele Menschen in eine Sinnkrise, weil sie plötzlich scheinbar nicht mehr gebraucht werden und schaffen sie es nicht, sich neue Betätigungsfelder zu erschaffen, bleibt ihnen nur noch, die Aufmerksamkeit im negativen Sinne durch Krankheiten zu erreichen, während die jüngeren sie im besten Fall belächeln, wenn nicht gar aus der Gesellschaft ausschließen.

Wenn wir unsere Ängste durch Eigenliebe ersetzen und den Wert von Weisheit wieder beginnen zu erkennen, werden wir auch in der Lage sein, alle Generationen mit Respekt zu behandeln und vor allen Dingen, wertfrei und dankbar die Weisheiten der Alten anzunehmen. Nur so können wir verhindern, immer wieder an denselben Dingen zu scheitern wie Generationen zuvor und eine positive Entwicklung in der Welt zu ermöglichen.

Dies bedeutet nicht, dass wir von heute auf morgen wieder in großen Familien in einem Haus zusammenleben müssen und Alten- und Pflegeheime überflüssig werden. Nur ist jedem damit gedient, wenn wir das Alter als zum Leben dazugehörig ansehen und seine Vorteile zu nutzen wissen. Jede Lebensphase hat ihren Sinn, wie alles in unserem Leben.

Christentum, Islam oder Judentum Warum Religionsgemeinschaften keine Lösung sind

Ein nicht ganz einfaches Thema, das uns meist seit unserer Geburt begleitet, ist unsere Religionszugehörigkeit. Wir denken nun einmal gerne in Kategorien, gehören gerne dazu. Deshalb ist es in den meisten Ländern auf dieser Erde unerlässlich, einer Religionsgemeinschaft anzugehören. Dies stellt, zumindest in Europa, kein größeres Problem dar, denn die breite Masse kennt die Eckpfeiler einer jeden Gemeinschaft und befasst sich nicht weiter damit, welche Dogmen dahinter stecken. Karl Marx sagte, dass Religion Opium für das Volk sei. Er begründet dies mit der Feststellung, dass Religion vom Menschen gemacht sei, jedoch nicht die Religion den Menschen mache. Wie wahr. Denn wenn wir auf die Regelwerke der einzelnen Religionsgemeinschaften schauen, werden wir erkennen, dass sich die deutsche Gesetzgebung dahinter verstecken kann. Glauben wir wirklich, dass Gott all dies beabsichtigt hat?

Jede der großen Religionsgemeinschaften geht von der Existenz eines Gottes aus und weist diesem Gott Eigenschaften zu. Nehmen wir hier als Beispiel das Christentum, insbesondere die katholische Kirche. Basis des katholischen Glaubens ist der gekreuzigte, wiederauferstandene Jesus von Nazareth, der von der Jungfrau Maria geboren wurde und der inkarnierte Sohn Gottes ist. Jesus predigte die bedingungslose Liebe Gottes und die Vergebung der Sünden und stellte in seinen Gleichnissen eine einzige Regel hierfür auf: Liebe deinen Nächsten wie dich selbst. Wir dürfen also annehmen, dass der Sinn jeder katholischen Gemeinschaft ist, nach dieser Regel zu leben. Dies wiederum würde bedeuten, dass Christen die Menschen als Einheit sehen, jeden genauso liebevoll behandeln wie sich selbst und ihren Besitz dafür nutzen, um selbst gut zu leben, den Überschuss dann für andere Menschen nutzen, um sie auf denselben Status zu bringen. Jesus machte keinerlei Unterschiede, heilte selbst den damaligen »Abschaum« der Gesellschaft und verbrachte seine Zeit mit den sündigsten Menschen.

Jede Regel, die die katholische Kirche aufstellt, sollte demnach genau dieses Verhalten widerspiegeln und auf der Liebe zu Gott und den Menschen beruhen. Leider lehrt uns die Geschichte, dass dem gar nicht so ist. Selbst wenn wir einmal die unsäglichen Kreuzzüge und Hexenverbrennungen auf eine leichte Verirrung des Klerus zurückführen und Ablassbriefe als Zeichen dafür werten, dass die Kirche eine kurze Zeit nur so vor Geld- und Machtgier strotzte, bleibt dennoch, dass das mehr als umfangreiche Regelwerk heutzutage vergeblich versucht, Katholiken dazu zu bringen, sich so zu verhalten, wie es nach Meinung der Kirche Menschen tun würden, die die unfassbare Liebe Gottes begriffen haben und das Leben Jesu als Vorbild nutzen. Leider lässt sich Liebe nicht regeln und schon gar nicht durch die Erzeugung von Angst. Denn nichts anderes passiert, wenn die Nichteinhaltung von

Regeln und somit auch jeder Individualismus mit Sanktionen bestraft wird.

Natürlich ist es so, dass ein Mensch, der sich auf die Liebe zu sich selbst und anderen konzentriert und mit sich selbst glücklich ist, immer mehr auf Materielles verzichten kann und sich stetig weiter in höhere geistige Ebenen begibt. So werden Besitz, Sexualität und das inkarnierte Leben immer unwichtiger, je weiter er vergeistigt. Doch kann man das Pferd eben nicht von hinten aufzäumen und vorgeben, dass ein Mensch in Zölibat und Armut leben muss und dann in der Folge ein »heiliges« Leben führen wird. Im Gegenteil: Die Frustration und das Fehlen von materiellen Sicherheiten ohne die entsprechende, vorangegangene Entwicklung führen zu Blockaden und bewirken das Gegenteil. Wir können eben niemals und mit keinem Regelwerk der Welt Eigenliebe und Nächstenliebe aufoktroyieren. Liebe ist immer und in jedem Fall eine Entwicklung, die Freiheit erfordert.

Zudem spiegelt sich immer im Kleinen, was im Großen vorgelebt wird. So wie Kinder sich ein Beispiel an ihren Eltern nehmen, so ziehen Mitglieder einer Religionsgemeinschaft das Leben ihrer Pastoren, Bischöfe, Sheikhs, Rabbis und Ältesten als Beispiel für sich selbst heran.

Doch welches Beispiel kann uns ein Pastor liefern, der mit Mitte 20 aus dem Studium kommt, nur sehr wenig Lebenserfahrung gesammelt hat und zwar im Regelwerk und der Theologie bewandert ist, jedoch in seiner eigenen Entwicklung noch sehr am Anfang steht? Nebenbei sehen wir, dass die Kirche selbst ihren Reichtum überall demonstriert, Nichteinhaltung von Regeln mit Exkommunizierung bestraft, Dokumente unter Verschluss hält und bestimmte Gruppen von Menschen gar nicht erst aufnimmt. Kopieren wir dies in unserem begrenzten Lebensraum, werden wir verurteilt. Doch warum ist das eine richtig und das andere falsch?

Wenn wir zum Beispiel Homosexuelle in unserem Umkreis als nicht gleichberechtigt ansehen würden, führte dies mit Sicherheit zu Streit, bei einem Arbeitgeber sogar zu einem Prozess. Bei der katholischen Kirche, die die Sakramente verweigert und eine Beschäftigung von Homosexuellen ausschließt, nimmt man es einfach hin, ja findet es sogar richtig. Dabei lehrte doch Jesus, dass wir nicht verurteilen sollen! Die katholische Kirche verfolgt also eine Lehre, die von Menschen erschaffen wurde, sich aber nicht wirklich an den Lehren Jesu orientiert. Denn dieser würde mit Homosexuellen genauso an einem Tisch sitzen wie mit Geschiedenen und Straftätern.

Fakt ist, dass die Regeln der einzelnen Kirchen von Menschen erschaffen wurden und es heute für sie darum geht, ihre Position auszubauen und zu festigen, was gleichbedeutend mit der Erhaltung von Macht ist, die, wie wir ja wissen, auf Angst zurückzuführen ist und somit nicht der Liebe entspricht. Wollen wir also wirklich Teil einer Religionsgemeinschaft sein, müssen wir uns mit all diesen Regeln authentifizieren können, was den meisten von uns sehr schwerfallen dürfte, wenn wir gerade dabei sind, uns selbst lieben zu lernen und in der Liebe leben zu wollen. Religionsgemeinschaften kommen ohne Regeln, die ihren Fortbestand sichern, einfach nicht aus und schließen somit automatisch Individualismus aus, der jedoch der einzige Weg ist, um sich selbst mit allen Facetten zu lieben.

Sicherlich ist es nicht zwangsläufig so, dass wir als Teil einer Religionsgemeinschaft deren Regeln in einem oder mehreren Punkten überschreiten müssen. Trotzdem sollten wir uns nicht Lehren anschließen und versuchen, ihnen zu folgen, die uns eingrenzen und unserem Gefühl widersprechen. Manche Menschen werden eher mit dem System aneinandergeraten als andere. In jedem Fall gilt auch hier die Regel, dass es Lehrer gibt, aber Abhängigkeiten in jedem Fall der individuellen Entwicklung schaden.

Männlein, Weiblein oder gar kein -lein Was der Genderwahn bewirkt

Inzwischen haben wir es geschafft, in fast allen Bereichen eine Trennung herbeizuführen und uns einsam, zweisam in unseren eigenen vier Wänden gemütlich einzurichten. Doch in einem Bereich wollen wir nicht trennen und hätten es am liebsten, wenn wir alle gleich wären: bei der Trennung zwischen Frau und Mann. Ursprünglich von der Idee initiiert, dass Männer und Frauen die gleichen Rechte haben sollten, wurde das Ganze derart ad absurdum geführt, dass Männer sich heute schon gar nicht mehr trauen, einer Frau die Tür aufzuhalten und Frauen am Arbeitsplatz am liebsten im Anzug erscheinen.

Die Grundidee der Emanzipation ist eine völlig legitime und auch in jedem Fall nachvollziehbar: Der Wert eines jeden Menschen ist gleich, egal welchen Geschlechts er oder sie ist. Das entspricht ja nun auch all dem, was wir gelernt haben, nämlich dass alle Menschen denselben Wert haben, ein jeder genauso wichtig ist wie ein anderer und dementsprechend auch das gleiche Mitspracherecht erhalten muss. Ebenso wie Bezahlung nach Leistung und nicht nach Geschlecht erfolgen sollte. Doch anstatt weiter an diesem Ziel zu arbeiten, verirren wir uns in Kapriolen, die nun wirklich gar nichts mehr mit dem eigentlichen Ziel zu tun haben.

Wir erfinden Berufsbezeichnungen, die in jeder Comedyshow für Lacher sorgen und geben Quoten für alles und jedes vor. Wer weiß schon noch, welcher Begriff derzeit politisch korrekt ist? Und lieber verdursten wir im Restaurant, als die Servicekraft womöglich mit einem »Hallo, Herr Ober« zu einem Wutausbruch zu veranlassen. Im Grunde sind wir hier nicht anders als die Kirchen, die mit Regeln versuchen, die Symptome von Liebe ohne die gefühlte Liebe zu erreichen. Wir versuchen nämlich, gelebte und empfundene Gleichberechtigung durch die Regelung dessen zu erhalten, was eine logische Konsequenz von der Einstellung ist, dass alle Menschen gleich sind und gleiche Arbeit auch gleich bezahlt werden muss. Aber wie bei den Kirchen funktioniert dies nicht. Im Gegenteil, der Schuss geht nach hinten los.

Denn inzwischen trauen sich Männer nicht mehr, einer Frau ein Kompliment über ihr Aussehen zu machen. Wenn sie es dann geschafft haben sollten, sie zum Essen einzuladen, wobei sie genauestens darauf geachtet haben, auch zu fragen, ob es der Frau recht ist, dass die Rechnung von seiner Seite voll übernommen wird, dann bekommen sie spätestens beim Ausziehen des Mantels ein weiteres Problem. Denn während ihnen ihre gute Erziehung vorgibt, der Frau die Jacke abzunehmen, könnte diese es ja so auffassen, dass der Mann sie nicht dazu in der Lage sieht, dies selbst zu tun und eine zufällige Berührung dabei schon als blöde Anmache einordnen. Und in der Zeit, in der der Mann sich alle diese Dinge überlegt oder es von vornherein vorzieht, lieber aus Sicherheitsgründen alles der Frau zu überlassen, hat diese sich schon selbst geholfen und denkt sich vielleicht »Was für ein ungehobelter Klotz«.

Allerdings besteht bei andersgeartetem Verhalten wiederum die Möglichkeit, dass der Mann als Macho eingeordnet wird und am Ende verfallen beide Seiten in Frustration, die dazu führt, dass (überspitzt) die Männer nach Thailand fliegen, wo sie noch Mann sein dürfen und Frauen ihre Weiblichkeit leben und Frauen nach Ägypten, wo Männer noch richtige Kerle sind und wissen, wie man einer Frau Honig um den Mund schmiert und sich nach alter Manier gut benimmt. Wundert es uns wirklich, warum Europäer es inzwischen bevorzugen, Single zu bleiben oder erfolgsverwöhnte Managerinnen sich in arabischen Ländern in einen Kellner verlieben, der ihre Augen mit den Sternen vergleicht und ihnen sagt, wie unglaublich weiblich sie sind? Und wie um alles in der Welt sollen wir uns selber lieben, wenn wir typisch weibliche beziehungsweise männliche Merkmale nicht mehr leben dürfen?

Gleichberechtigung hat nichts damit zu tun, dass wir nicht Frau oder Mann sein dürfen. Es hat nichts damit zu tun, bestimmte Eigenschaften und Stärken unseres Wesens zu verleugnen. Im Gegenteil. Gleichberechtigung heißt, bei aller Individualität und allen Unterschieden die gleichen Rechte in allen Bereichen des Lebens zu haben und das heißt, dass jede Frau und jeder Mann für gleiche Arbeit gleiche Vergütung erwarten darf, dass jede Stärke zur Erfüllung unserer Berufung genutzt werden soll und dass jede Seite genauso wie die andere zugeben darf, in manchen Bereichen schwach zu sein. Denn was bringt es uns, wenn wir uns als untrainierte Frau mit dem Schleppen eines Kasten Wassers in die zehnte Etage abmühen, wenn neben uns jemand steht, der jeden Tag im Fitnessstudio 100 Kilo stemmt und den Kasten mal eben locker in unsere Wohnung tragen könnte, es aber nicht tut, weil er Angst hat, als Macho beschimpft zu werden? Und was soll es einer Computerfirma (und den Bewerbern, Mitarbeitern und Kunden) bringen, wenn sich auf den Job des Programmierers 50 Männer, aber nur eine Frau bewerben und aus Gründen der Frauenquote diese Frau eingestellt werden muss, egal wie gut oder schlecht sie beim Einstellungstest abschneidet?

Viele Erkrankungen heute kommen daher, dass Frauen ihre weiblichen und Männer ihre männlichen Aspekte nicht mehr leben, ja, sie sogar bewusst unterdrücken. Dabei wäre die Welt ein sehr viel besserer Ort, wenn jeder seine mitgegebenen Stärken im eigenen wie im Sinne anderer nutzen würde. Wenn wir es dann noch schaffen, diese authentisch lebenden Menschen genau so zu respektieren, ja, sogar wertzuschätzen, werden wir mit der Zeit wieder gesunden. Wir brauchen keine Frauenquote, keine Berufsbezeichnungen, die Wertschätzung ausdrücken sollen, und schon gar keine unterdrückten Hilfsangebote, wenn wir doch einfach alle wissen, was wir selbst und andere Wert sind und uns so lieben wie wir sind.

2022, 2036 oder noch später
Wohin wir gehen und wie lange

Betrachten wir also die gesamte Entwicklung und den Ist-Zustand, dürften gleich mehrere Warnlampen bei uns aufleuchten. Jedem Bewohner dieser Erde, der mit mittelmäßig offenen Augen durch die Welt geht, kann ohne große Anstrengung Gefahren für unser Überleben erkennen. Hier eine kleine Auswahl:

Kriege: Die Menschen haben es seit nunmehr 75 Jahren geschafft, einen Weltkrieg zu vermeiden. Manchmal hatten wir den Eindruck, dass wir haarscharf darum herum gekommen sind. Es gibt aber auch Zeiten, zu denen wir den Eindruck gewinnen, dass es viel zu wenige unserer Spezies gibt, die sich Gedanken um den Fortbestand der menschlichen Rasse oder gar der Erde selbst machen. Inzwischen ist die arabische Welt ein Pulverfass, Terrororganisationen sind einfach nicht davon abzuhalten, ihre Anschläge zu verüben und für Angst und Schrecken zu sorgen und Fremdenfeindlichkeit öffnet Tür und Tor für Fanatiker jeglicher Art. Ganz zu schweigen von einem US-amerikanischen Präsidenten, der ganz offen sich selbst über alles andere stellt und dem es egal zu sein scheint, ob der Rest der Welt inklusive der Umwelt den Bach hinuntergeht.

Armut: Reiche werden reicher, Arme werden ärmer und die Kluft wird immer größer. Während ein Teil der Welt verhungert, schmeißt ein anderer Lebensmittel in den Müll und kleidet sich mit Billigklamotten, die unter gesundheitsgefährdenden Bedingungen von Menschen hergestellt wurden, die ums nackte Überleben kämpfen. Das immer mehr expandierende Geschäft im Internet zwingt kleine Geschäfte, aber auch große Ketten zu Schließungen und somit zum Abbau von Arbeitsplätzen, was für die Mehrzahl der Entlassenen in eine Abhängigkeit von Sozialleistungen führt. Und das alles zum Wohl einiger weniger. Wir sägen selbst somit am Ast, auf dem wir uns niedergelassen haben. Die Weltarmut steigt immer weiter.

Umwelt: Unsere Umwelt ist schon lange gefährdet. Regenwälder werden gerodet, das Ozonloch wächst und Chemikalien verpesten alles unter, auf und über der Erde. Wir manipulieren an Genen herum, damit unsere Tomaten noch größer, schöner und roter werden und wir uns an ihrem Aussehen erfreuen können, wann immer wir wollen. Gezeiten werden überlistet, Tierrassen ausgerottet und die Natur da verändert, wo der Mensch mehr Komfort braucht.

Nichts von alledem hat uns bisher dazu veranlasst, wirklich etwas zu tun, weder an uns selbst noch an unserem Verhalten. Wie auch im Kleinen haben wir uns gemütlich in unserer Komfortzone eingerichtet, die darüber entscheidet, welche Unannehmlichkeiten wir gerade eben noch so in Kauf nehmen können, um unseren Teil dazu beizutragen, dass diese Welt sicherer wird. Hier ein gelber

Sack, da ein wenig Bio und morgen zehn Cent mehr für Umweltschutzpapier. Doch wenn uns jemand sagt, dass wir im Großen umdenken sollen, ignorieren wir gerne. Wir finden hunderte von Ausreden, warum gerade wir eben nicht auf ein Auto, ein neues Shirt oder die Eier aus der Legebatterie verzichten können. Kriege schreiben wir den Politikern zu, weil alles andere unangenehm wäre und für das verhungernde Kind in Äthiopien können wir doch nun wirklich nichts tun. Wir sind bequem geworden.

Wir sitzen kopfschüttelnd vor dem Fernseher, sehen uns die Nachrichten an und beschweren uns darüber, dass die Menschen immer brutaler werden. Hier ein Amoklauf mit 30 Toten, dort ein Mensch, der von zehn anderen scheinbar grundlos krankenhausreif geschlagen wurde, dann wiederum ein Vierzehnjähriger, der seinen dreizehnjährigen Freund wegen einer Beleidigung erstochen hat, und ein Ehepaar, das unzählige Frauen tagelang gefangenhielt, um sie zu foltern und dann zu ermorden. Mütter, die ihre Babys in Mülltonnen entsorgen und Eltern, die ihre Kinder an Pädophile verkaufen.

Offensichtlich wird der Mensch immer mehr zu einem ums Überleben kämpfenden Tier, das trotz Überfluss immer mehr Besitz an sich reißen will und dabei seine eigene Rasse ausrottet. Was fehlt, sind Liebe, Mitgefühl, Empathie und Gemeinschaft, Werte, die als weibliche Werte gelten. Doch die haben ihren Stellenwert seit einigen Jahrhunderten immer weiter verloren. Jeder will sie, jeder wünscht sie sich, doch werden sie gelebt, belächelt man sie. Ein Mensch – es muss nicht zwangsläufig eine Frau sein -, der sich lieber ein paar Jahre darum kümmert, dass die Kinder ein liebevolles Zuhause haben, in dem immer ein Ansprechpartner ist, von dem sie geliebt und ernstgenommen werden, wird in der heutigen Gesellschaft als wertlos betrachtet. Er bietet nichts Materielles, nichts Fassbares, und ist zur Bedeutungslosigkeit verdammt.

Und die Entwicklung geht genau so weiter. Solange der Kopf als »Chef« des Menschen regiert und das Gefühl kein Mitspracherecht hat, wird die Angst regieren und die Liebe keine Chance haben. Materie wird der einzig wahre Gott der Menschen sein. Und da Kinder ihre Werte und Prägungen von ihrem Elternhaus erhalten und diese in der vorgegebenen Richtung weiterentwickeln, dürfte der weitere Weg sehr einfach vorherzusehen sein. Zunehmende Brutalität und Emotionslosigkeit sind eben nichts, was bei uns Unverständnis und Erstaunen hervorrufen sollte, sondern als logische Konsequenzen der Lebensweise erkannt werden muss, die wir unseren Kindern mitgeben.

Es hilft nichts, an diesen Symptomen zu arbeiten. Denn wie sollen Menschen auch Liebe, Respekt und Wertschätzung ernten, wenn ihr Saatgut aus Angst, Verlangen nach Macht und Kampf besteht. Es hilft nur die Erkenntnis und dann Arbeit an der Ursache, denn Liebe und gegenseitiger Respekt sind die Voraussetzung dafür, dass wir diese Welt wieder zu einem Ort machen, auf dem Leben nicht nur möglich ist, sondern auch lebenswert und gefahrlos.

Diese Liebe fängt immer bei der Liebe zu uns selbst an. Arbeiten wir an uns selbst, kümmern wir uns erst einmal nur um uns und darum, dass wir glücklich sind, und tut dies jeder, werden wir eine Welt voller glücklicher Menschen sein, die sich um andere kümmern und die keine Waffen brauchen, um ihre Macht zu demonstrieren. Wir werden mehr als genug für alle Menschen haben und dabei glücklich und zufrieden sein. Nur so können wir sicher sein, dass unsere Kinder in einigen Jahrzehnten noch eine Erde haben, die ein Überleben ermöglicht und nur so können wir sicherstellen, dass wir selbst ohne lebensbedrohliche Erkrankungen und mit Freude leben: Indem wir unsere Macht erkennen, aus unserer Opferrolle heraustreten und unser Leben endlich im Sinne der Liebe in die Hand nehmen.

Weitere Veröffentlichungen der Autorin im Franzius Verlag:

»Weiblichkeit leben: Zurück in die Steinzeit oder vorwärts in ein neues Leben«
Ratgeber, ISBN 978-3-96050-067-4

Was bedeutet Weiblichkeit heute? Und ist durch die wachsende Gleichberechtigung von Mann und Frau die Weiblichkeit gleichermaßen aufgewertet worden? Oder ist vielleicht genau das Gegenteil der Fall? Was hat die Welt zu der gemacht, in der wir heute leben? Und welchen Einfluss hat die Wertigkeit der Weiblichkeit darauf?

Diese und andere Fragen stellt sich die Autorin in diesem Buch und stellt bei ihrer Beantwortung Erstaunliches fest: Weiblichkeit ist nicht nur eine Frage von Gleichberechtigung oder gleichen Rechten von Frauen, sie ist nicht nur eine Sache von körperlichen Merkmalen und bei weitem nicht nur Sache der Frauen.

Dieses Buch will nicht nur Antworten liefern, sondern zeigt gleichzeitig einen Weg zu mehr Authentizität und Glück für Frauen und Männer auf.

»Eine Seele in zwei Körpern: Der Weg der Dualseelen in eine glückliche Beziehung«
Ratgeber, ISBN 978-3-96050-118-3

Dualseelenbeziehungen sind die wohl intensivste Art der Liebe, die in einer Inkarnation erlebt werden kann. Sie beschert allen Beteiligten seelischen Schmerz, immer neue, scheinbar nicht zu bewältigende Herausforderungen und die Konfrontation mit einem Gegenpart, der sich komplett von der eigenen Persönlichkeit unterscheidet.

Der Weg zur Beziehung ist meist lang und beschwerlich, wenn sie überhaupt erreicht wird. Doch mit dem notwendigen Verständnis von Sinn, eigener Aufgabe und dem Wesen des Anderen lassen sich unnötige Brüche in der Beziehung und typische »Fallen« umgehen. Das Ziel – eine Beziehung in bedingungsloser Liebe und Glück – kann so einfacher erreicht werden.

Die Autorin erklärt nicht nur die typischen Entwicklungen in diesen Beziehungen, sondern auch die beiden Beteiligten »den »Loslasser« und den »Gefühlsklärer« – so, dass das Verständnis füreinander wachsen kann. Außerdem hilft ein 50-wöchiger Kurs dem »Loslasser« auf seinem Weg zu Eigenliebe und Glück.

»Sand in ihren Schuhen«
Biografie, ISBN 978-3-945509-30-2

Im Alter von 30 Jahren wanderte Petra nach Ägypten aus, da sie ihre Bestimmung weder in Deutschland noch im Öffentlichen Dienst sah. In Ägypten lernte sie zunächst ihren Traumpartner kennen, den sie jedoch verschmähte. Danach traf sie ihren späteren Ehemann Sayed, mit dem sie über sechs Jahre eine meist sehr harmonische Ehe führte. Das Glück wurde durch die Geburt der gemeinsamen Tochter perfekt, bis Petra herausfand, dass ihr Mann einen Fehler begangen hatte, der für ihrer aller Leben schwerwiegende Folgen bereithielt: Sayed musste seinen »Fehltritt« heiraten und eine Zeit voller Leid, Gewalt und enttäuschter Hoffnungen begann. Diese gipfelte nicht nur in Petras Flucht aus Ägypten, um das Leben ihrer Tochter zu retten. Die Geschichte zeigt auch den oft schmerzhaften Weg der Selbstfindung und Liebe zu sich selbst und dem Leben.

Nachdem sich Petra von ihrem Mann scheiden ließ, verstärkten sich die Bedrohungen durch ihn weiter. Zurück in Deutschland folgten sowohl Telefonterror als auch Todesdrohungen gegen Freunde und Familienangehörige der Anwälte - bis heute.

»Wind in ihren Haaren«

Roman, ISBN 978-3-96050-013-1

Nach ihrer Flucht aus Ägypten ist Petra mit ihrer Tochter zwar sicher in Deutschland angekommen, doch von einem ruhigen Leben ist sie noch weit entfernt! Der Wille, glücklich zu sein, führt sie auf verschiedenste (Um-)Wege und auch zu einem neuen Mann. Doch wie immer in ihrem Leben wählt Petra auch hier gerne das Komplizierte. Sie versucht nebenher, ihr Eigentum in Ägypten zurückzubekommen. Dies würde den Drohungen ein Ende bereiten, die das Leben von ihrer Tochter und ihr ständig begleiten. Am Ende hilft ihr dabei die Erkenntnis, dass Liebe der einzige Weg ist!

Bei »Wind in ihren Haaren« handelt es sich um einen in sich abgeschlossenen Roman, der auch unabhängig von »Sand in ihren Schuhen« gelesen werden kann.

»Liebe und Gewalt – Wahre Begebenheiten der Leser von ›Sand in ihren Schuhen‹«
ISBN 978-3-96050-038-4 (eBook)

Gewalt gegen Frauen, besonders in Beziehungen, ist auch heute noch ein Thema, das in der Öffentlichkeit zu wenig Beachtung erfährt. Oftmals stehen die Betroffenen alleine vor einem Berg an Problemen und erhalten nur unzureichend Hilfe bei dem Prozess, sich von ihrem Peiniger dauerhaft zu trennen. Die Autorin, die in ihrem Buch "Sand in ihren Schuhen" ihren eigenen Trennungs- und Heilungsprozess beschrieben hat, erzählt in diesem Buch und in Bezug auf das wichtige Thema sechs unterschiedliche und wahre Geschichten ihrer Leserinnen.

Novitäten Herbst 2018 / Frühjahr 2019 im Franzius Verlag

Romane

»Redric«
Thriller von Jenny Rubus, ISBN 978-3-96050-160-2

»Tödliche Ruhr«
Kriminalroman von Ralf Weißkamp, ISBN 978-3-96050-152-7

»S.A.M. – Mord zwischen den Zeilen«
Roman von Teresa Nagengast, ISBN 978-3-96050-156-5

»Barackenkinder«
Roman nach einer wahren Begebenheit
Von Marion Schinhofen, ISBN 978-3-96050-158-9

»Blowing Across«
Science-Fiction von Christine Keller, ISBN 978-3-96050-154-1

»Das Spanische Schwert«
Kriminalroman mit historischem Bezug von Neal Skye & Cherry Loster, ISBN 978-3-96050-147-3

»Ein Stück Süden«
Roman von Sigrid Wohlgemuth, ISBN 978-3-96050-150-3

»Jagdbare Tiere«
Mystery-Thriller von Ronja Potstawa, ISBN 978-3-96050-145-9

»Auf leeren Seiten«
Mystery-Thriller von Melanie Bottke, ISBN 978-3-96050-143-5

»Yoga, Chaos und ein Mörder«
Kriminalroman von Kathrin Hölzle, ISBN 978-3-96050-141-1

»Für eine Stunde«
Thriller von Perry Payne, ISBN 978-3-96050-130-5

»Übelst – Eine schräge Komödie«
Roman von Andreas. A. Reichelt, ISBN 978-3-96050-139-8

»Grazie Roma @ schön, dass es E-Mails gibt«
Roman von Claudio Gallo, ISBN 978-3-96050-134-3

»Das Labyrinth des Narren«
Roman von Peter Dumat, ISBN 978-3-96050-095-7

Biografien

»Elisabeth Amandi. Die Biografie – Kreativität macht glücklich«
Von Yngra Wieland, ISBN 978-3-96050-123-7

Kinder- und Jugendbücher

»Die Siegel Asinjas Teil 2: Im Auge des Drachen«
Von Andi LaPatt, ISBN 978-3-96050-101-5

»Acello und die Lichtkönigin«, Band 4 der »Acello«-Reihe
Von Mirjam Wyser, ISBN 978-3-96050-162-6

Sachbücher und Ratgeber

»KETOGA – Ketogene Ernährung und Yoga«
Von Fabrizio P. Calderaro, ISBN 978-3-96050-120-6